Petra Begemann

D1868802

Die ersten 100 Tage im Job

Fit für den Job

- Probezeit überstehen
- Spielregeln erkennen und beachten
- Mit Pannenhilfe: Was tun, wenn es Probleme gibt?

Eichborn

1 2 3 4 5 07 06 05

© Eichborn AG, Frankfurt am Main, März 2005
Umschlaggestaltung: Christina Hucke
Layout: Susanne Reeh
Satz: Fotosatz Reinhard Amann, Aichstetten
Druck und Bindung: Fuldaer Verlagsanstalt, Fulda
ISBN 3-8218-5866-4

Alle Rechte vorbehalten, insbesondere das Recht der mechanischen, elektronischen oder fotografischen Vervielfältigung, der Einspeicherung und Verarbeitung in elektronischen Systemen, des Nachdrucks in Zeitschriften oder Zeitungen, des öffentlichen Vortrags, der Verfilmung oder Dramatisierung, der Übertragung durch Rundfunk, Fernsehen oder Video, auch einzelner Text- und Bildteile sowie der Übersetzung in andere Sprachen. Der gewerbliche Weiterverkauf oder gewerbliche Verleih von Büchern, CDs, CD-ROMs, DVDs oder Videos oder anderen Produkten der Eichborn AG bedürfen in jedem Fall der schriftlichen Genehmigung.

Verlagsverzeichnis schickt gern:
Eichborn Verlag, Kaiserstraße 66, D-60329 Frankfurt/Main
www.eichborn.de

Inhalt

Einführung: Warum ein starker Start so wichtig ist

Auf Herrn Müller kann man sich verlassen, Herr Meier ist ein Erbsenzähler. Frau Schulze wird es noch mal weit bringen, Frau Berger dagegen arbeitet nur das Nötigste. Ein paar eindeutige Urteile, und schon haben wir die Welt wunderbar in Schubkästen sortiert. Dieses Prinzip funktioniert auch am Arbeitsplatz: Wir alle fühlen uns am wohlsten, wenn wir wissen, mit wem wir „es zu tun haben“. Das Vertrackte: Unser Urteil bildet sich in Windeseile, und wer erst mal in einer bestimmten Schublade gelandet ist, kommt dort nur ganz schwer wieder heraus. Verhaltensweisen, die unser Urteil infrage stellen könnten – etwa wenn Frau Berger sich besonders ins Zeug legt –, werden schlicht übersehen. Widersprüchliche Informationen blenden wir gerne aus, so die Erklärung von Psychologen.

Für die Probezeit heißt das: Das Urteil über Ihre Person bildet sich schnell – meist schon in den ersten Wochen. Mehr als die 100-Tage-Schonfrist der Politiker billigt man Jobneulingen auch dann selten zu, wenn die Probezeit formal sechs Monate beträgt. Deshalb ist es so wichtig, gleich zu Beginn die Weichen richtig zu stellen. Hinzu kommt: Um fast jede Stelle konkurrieren heute viele gut qualifizierte Bewerber. Damit wächst auch die Neigung der Arbeitgeber, sich in der

Probezeit von Wackelkandidaten zu trennen. „Heute wird die Messlatte höher angelegt", warnt Thomas Klappauf, erfahrener Personalleiter und einer der Fachleute, die für dieses Buch befragt wurden.

Auf den folgenden 90 Seiten ist zusammengefasst, was Sie für einen guten Start im Job wissen müssen: Hier erfahren Sie, was Ihr neuer Chef von Ihnen erwartet, wie Sie mit neuen Aufgaben und neuen Kollegen klarkommen und was Sie tun können, wenn es Probleme gibt. Und so anstrengend das alles auch sein mag – jeder Neuanfang bleibt eine wunderbare Chance. Eine Chance, Ballast abzuwerfen und sich einen besseren Platz zu erobern, denn schließlich weiß im neuen Unternehmen niemand, in welcher Schublade Sie bislang gehockt haben. Nutzen Sie diese Chance!

Petra Begemann

Gut vorbereitet ist halb gewonnen

Erfolg sei der Sieg der Einfälle über die Zufälle, hat jemand einmal treffend gesagt. Natürlich müssen Sie sich in der Probezeit auf ein Umfeld einstellen, das Sie bei Unterzeichnung des Arbeitsvertrages nur schwer einschätzen können. Andererseits bestimmen Sie durch Ihr eigenes Verhalten mit, wie man Ihnen begegnet. Wer gut vorbereitet ist, sammelt Pluspunkte. Und wer genau weiß, in welche Fallen er gar nicht erst tappen möchte, kann seinen Einstieg geschickter gestalten.

Den Neuanfang nutzen: Ballast abwerfen

Gründe, seinen Job zu wechseln, gibt es viele. Vielleicht ging es im alten Unternehmen einfach nicht mehr voran, vielleicht wollten Sie endlich mal etwas Neues probieren. Mag sein, dass Sie sich mit Ihrem Chef nicht verstanden haben. Oder der Job war ganz in Ordnung, aber die Firma gibt es nicht mehr. Doch seien wir ehrlich: Rosarot ist die Jobwelt selten. Grund genug, vor dem nächsten Start Bilanz zu ziehen und zu überlegen, wohin die Reise gehen soll.

Im neuen Job sind Sie erst einmal ein unbeschriebenes Blatt. Das ist einer der Gründe für den Stress des Neuanfangs: Früher erworbene Lorbeeren zählen nicht mehr, Sie müssen sich neu beweisen. Das hat aber auch Vorteile: Alte Fehler kann man Ihnen nicht mehr nachtragen, alte (Vor-) Urteile über Sie sind außer Kraft gesetzt. Wer als Azubi im Lehrbetrieb bleibt, sitzt noch als Abteilungsleiter Leuten gegenüber, die sich über seine ersten Gehversuche amüsiert haben. Und wer einmal eine böse Panne verschuldet hat, bleibt womöglich auf ewig der „Schlamper", dem nicht recht zu trauen ist.

Übung: Erfinden Sie sich neu! (Ihr Wunschimage)

Nehmen Sie sich eine Viertelstunde Zeit: Was hat man in der alten Firma über Sie gesagt/gedacht? Galten Sie z.B. als fleißig, aber ein wenig farblos? Als freundlich, aber zu vertrauensselig? Als fachlich hoch kompetent, aber auch rücksichtslos?

Das wissen Sie nicht? Denken Sie an Gespräche mit Vorgesetzten und Kollegen: Welche Rückmeldungen haben Sie in offiziellen Mitarbeitergesprächen bekommen? Was wurde in anderen Situationen an Ihnen gelobt oder wiederholt kritisiert? Was war in Beurteilungsbögen über Sie zu lesen? Welche Eigenschaften waren in der Diskussion über Ihr Arbeitszeugnis strittig?

Ich denke, beim letzten Arbeitgeber galt ich als ______________

____

____

____

____

Was stört Sie daran? Was möchten Sie ändern? ______________

____

____

____

____

____

Was sollte man beim neuen Arbeitgeber über Sie sagen? ______

____

____

____

____

____

Leider sind die Zeiten, in denen das Wünschen allein geholfen hat, vorbei. Ein wenig auf die Sprünge helfen müssen Sie Ihrem Wunschimage schon. Wodurch haben Sie Zuschreibungen und Urteile herausgefordert, die Ihnen nicht gefallen? Galten Sie beispielsweise als zaghaft, weil Sie sich in Sitzungen kaum je zu Wort gemeldet haben? Als graue Arbeitsbiene, weil Sie sich systematisch vor Aufgaben gedrückt haben, deren Ergebnisse Sie im größeren Kreis hätten präsentieren müssen? Als „schwierig", weil Ihnen öfter mal der Geduldsfaden riss und Sie einfach drauflos polterten? Welche Verhaltensweisen bereuen Sie heute?

! TIPP Wenn Ihnen der Übergang zwischen zwei Jobs einige Wochen Urlaub verschafft, sollten Sie sich natürlich gut erholen, um ausgeruht zu starten. Vielleicht gönnen Sie sich aber zusätzlich ein Seminar, um systematisch an einer Schwäche zu arbeiten, die Sie schon länger stört? „Mehr Selbstbewusstsein", „Konfliktgespräche", „Richtig kritisieren", „Benimm im Job" – es gibt kaum ein Thema, zu dem heute kein Seminar angeboten wird. Fündig werden Sie in den Katalogen lokaler Weiterbildungsträger und Volkshochschulen, in der Internetdatenbank „KURS" der Arbeitsagentur (unter *www.arbeitsagentur.de* > Kurs > Weiterbildung) oder unter *www.weiterbildung.de*.

So sammeln Sie Punkte: Den Start planen

„Lassen Sie sich nicht reintreiben, gehen Sie die Probezeit aktiv an!", empfiehlt Dr. Heiko Konrad, Leiter Aus- und Fortbildung beim Hessischen Rundfunk, allen neuen Mitarbeitern. Er rät jedem Probezeitabsolventen zu einem persönlichen Einstiegsplan für die ersten 100 Tage. Die Unternehmenspraxis gibt ihm Recht: Verlassen Sie sich lieber nicht darauf, dass andere Pläne für Sie machen. Ein Einarbeitungsplan der Personalabteilung, ein erfahrener Kollege als „Pate", der Ihnen mit Rat und Tat zur Seite steht, ein verständnisvoller Chef, der am Ende jeder Woche alle Fragen mit Ihnen durchgeht? Das wäre wunderbar, die Regel ist es nicht.

Je nach Position und Aufgabengebiet wird Ihr Einstiegsplan natürlich eigene Merkmale aufweisen. Einige grundsätzliche Punkte sollten jedoch auf jedem Programm stehen. Sie ergeben sich ganz einfach aus dem, was das neue Unternehmen von Ihnen erwartet. „Natürlich muss die Arbeitsqualität stimmen", meint Volker Stern, Bankkaufmann und seit sieben Jahren im Vorstand der Kasseler Bank, dazu. „Mindestens genauso wichtig ist aber, dass der neue Mitarbeiter den Betrieb versteht." Gudrun Spangenberg, Personalverantwortliche in einem großen Unternehmen für Heiztechnik, der Viessmann GmbH & Co KG, ist der gleichen Ansicht: „Wenn neue Mitarbeiter scheitern, liegt es meistens an fehlender Integration ins Unternehmen." Die neue Firma – die Menschen, die Abläufe, die Aufgabe – kennen zu lernen sollte daher Ihr Hauptziel in den ersten Monaten sein.

Einarbeitungsplan für die ersten 100 Tage	
In der ersten Woche	
– die Namen der Kollegen in meiner Abteilung kennen	☐
– allgemeine „Abteilungsregeln" kennen lernen und sich anpassen (z. B. gemeinsames Mittagessen, Kaffeekochen, Arbeitsplatz aufräumen, Maschinen vorbereiten)	☐
– meinen Arbeitsplatz einrichten (notwendiges Zubehör besorgen)	☐

– mich mit meiner Aufgabe vertraut machen (Stellenbeschreibung, Lesen von Unterlagen, erste Aufgaben)	☐
– Fragen, wenn Dinge unklar sind	☐
– Kollegen unterstützen, meine Hilfe anbieten	☐
– ____________________	☐
– ____________________	☐
– ____________________	☐
Im ersten Monat	
– die Kollegen besser einschätzen lernen („gute Kumpel“, Konkurrenten, Nörgler, Intriganten ...)	☐
– Zurückhaltung üben (Nicht das Herz auf der Zunge tragen!)	☐
– ein Gespür für die „Kultur“ im Haus entwickeln und sich daran orientieren (Wie geht man miteinander um? Worauf legt man Wert?)	☐
– Eindrücke sammeln, wer „wichtig“ ist/besonders viel zu sagen hat	☐
– Fragen, wenn Dinge unklar sind (evtl. Termine mit Kollegen machen, Fragen vorher sammeln)	☐
– größere Aufgaben selbstständig bewältigen	☐
– ein erstes längeres Gespräch mit meinem Chef führen (Wo stehe ich?)	☐
– ____________________	☐
– ____________________	☐
– ____________________	☐

In den ersten 100 Tagen	
– vorsichtig engere Kontakte im Kollegenkreis knüpfen	☐
– sich stärker einbringen (eigene Einschätzungen formulieren, sich in Sitzungen zu Wort melden)	☐
– Vorschläge zum eigenen Arbeitsbereich machen	☐
– Besserwisserei vermeiden	☐
– Leistungsbereitschaft zeigen, evtl. weitere Aufgaben einfordern	☐
– die ersten Arbeitserfolge präsentieren können	☐
– ein ausführliches Gespräch mit dem Chef führen (Rückmeldung zu Arbeitsleistung und Verhalten)	☐
– ______________________________	☐
– ______________________________	☐
– ______________________________	☐

TIPP

Nehmen Sie sich Ihren Einarbeitungsplan am Ende jeder Woche vor und ziehen Sie Bilanz. Ergänzen Sie eigene Punkte, die sich aus Ihrer Arbeitssituation ergeben. Besprechen Sie Fortschritte und Rückschläge mit einem guten Freund oder Ihrem Partner. Jemand, der gut zuhören kann und sich in der Berufswelt auskennt, wird Ihnen eine wichtige Stütze sein.

„Kultur“ im Haus einschätzen, „wichtige Leute“ erkennen, Arbeitserfolge präsentieren ... – das ist Ihnen etwas viel auf einmal? Keine Sorge, all diese Themen werden in den folgenden Kapiteln vertieft.

Was kommt auf Sie zu? Infos sammeln

Einen neuen Job zu bekommen ist zuallererst ein schönes Erfolgserlebnis: Sie haben im Vorstellungsgespräch überzeugt, persönlich wie fachlich. Man setzt Vertrauen in Ihre Fähigkeiten. Freuen Sie sich darüber! Einen neuen Job anzutreten bedeutet aber auch Stress: Was kommt auf Sie zu? Wie werden die Kollegen sein? Werden Sie den Erwartungen gerecht werden? Nicht ohne Grund zählen Psychologen neben Umzug, Konflikten mit dem Partner oder finanziellen Sorgen auch den Arbeitsplatzwechsel zu den typischen „Stressoren“.

Stress abbauen können Sie, indem Sie – wie eben angeregt – mit einem guten Freund oder Ihrem Partner über das Erlebte sprechen. Auch bewusst abzuschalten, sei es beim Sport oder bei anderen Hobbys, hilft. Dem Stress ein wenig vorbeugen können Sie, indem Sie sich möglichst gut auf den Jobantritt vorbereiten. Gerade die ersten Tage im neuen Unternehmen sind enorm anstrengend: Alles ist neu – Namen, Zuständigkeiten, Abläufe, selbst der Weg zur Kantine. Je besser Sie sich schon im Vorfeld auf das neue Unternehmen einstimmen, desto leichter werden Ihnen die ersten Tage dort fallen.

Gut vorbereitet starten: Nützliche Infos	
Infos über das neue Unternehmen	
Pressemappe, Imagebroschüre (Können Sie in der Presseabteilung bestellen, wenn man Sie nicht schon zum Vorstellungsgespräch versorgt hat.)	☐
Internetauftritt der Firma (Geschäftsfelder, Standorte, Mitarbeiterzahl, Produkte)	☐
Berichte im Lokal- oder Wirtschaftsteil der Tageszeitung (Dafür können Sie auch die Online-Archive der Zeitungen durchforsten.)	☐
Internet allgemein (Geben Sie unter Suchmaschinen wie www.google.de einfach den Firmennamen ein.)	☐
Infos über die neue Stelle	
Stellenanzeige (Ausführliche Anzeigen umschreiben die Aufgabe genau.)	☐
Stellenbeschreibung (Lag möglicherweise Ihrem Arbeitsvertrag bei.)	☐
Hinweise im Vorstellungsgespräch (Auf welche Kenntnisse wurde besonderer Wert gelegt? Wonach wurde gezielt gefragt?)	☐

Infos über die neue Abteilung	
Organigramm des Unternehmens (Ein solches Schema der Unternehmensabteilungen finden Sie oft im Internet oder in Firmenbroschüren. Es ist ideal, um sich Namen und Zuständigkeiten einzuprägen.)	☐

! TIPP

Die beste Informationsquelle sind Menschen, die im Unternehmen arbeiten. Wenn Sie jemanden bei der Firma XY kennen, fragen Sie ihn doch einfach, ob er Ihnen ein paar Tipps für den Einstieg geben kann. Worauf wird im Hause besonderer Wert gelegt? Was erwartet man von neuen Mitarbeitern? Wie läuft der erste Tag im Allgemeinen ab? Was sagt man über Ihre zukünftige Abteilung? Was hat ihn selber beim Einstieg erstaunt, verunsichert? Eine Einladung auf ein Bier kann Ihnen eine Menge Hintergrundwissen einbringen. Natürlich sollten Sie dabei berücksichtigen, dass jeder die Welt durch seine eigene Brille sieht.

Um gut vorbereitet zu starten, müssen Sie nicht wochenlange Studien treiben. Oft genügt es schon, sich all die Infos, die Sie während des Bewerbungsverfahrens gesammelt haben, noch einmal systematisch ins Gedächtnis zu rufen. Je mehr Sie über Ihre Aufgabe, Ihre Abteilung, Zuständigkeiten und Namen wissen, desto weniger werden Sie am Anfang von der Fülle neuer Infos überrollt. Und schließlich: Die andere Seite erwartet gar nicht, dass Sie alles wissen. Wie könnten Sie auch? Umso sympathischer, wenn Sie mitbekommen haben, dass gerade ein neues Produkt auf den Markt gekommen ist oder das Unternehmen im letzten Jahr eine Niederlassung in Polen eröffnete.

Welche Unterlagen brauchen Sie? Papierkram erledigen

Ganz ohne Bürokratie geht es fast nie – auch nicht beim Jobeinstieg. Für Ihren ersten Tag sollten Sie daher folgende Unterlagen zur Hand haben:

- Lohnsteuerkarte
  ... erhalten Sie in der Gemeinde, in der Sie am 20. September des Jahres Ihren Hauptwohnsitz hatten. Wenn Sie innerhalb eines Jahres den Job wechseln, händigt Ihr bisheriger Arbeitgeber Ihnen die Karte beim Ausstieg aus. Prüfen Sie vor Abgabe, ob alle Eintragungen (Steuerklasse, Kinderzahl, Kirchensteuerpflicht) stimmen.
- Name der zuständigen Krankenkasse
- Sozialversicherungsnummer
  ... die Sie auf bisherigen Meldungen Ihres Arbeitgebers zur Sozialversicherung finden.
- Ihre Bankverbindung
  ... damit man Ihr Gehalt überweisen kann.

Für manche Positionen wird daneben ein Führungszeugnis oder eine betriebsärztliche Untersuchung verlangt. Darüber wird Sie Ihr neuer Arbeitgeber früh genug informieren. Ein polizeiliches Führungszeugnis beantragen Sie bei der Gemeindeverwaltung. Einige Arbeitgeber fordern außerdem das Arbeitszeugnis zur letzten Arbeitsstelle ein. Schon aus diesem Grund sollten Sie rechtzeitig vor Ausscheiden im alten Unternehmen aktiv werden (siehe dazu den Band Begemann, *Das Arbeitszeugnis,* in dieser Reihe).

Den ersten Tag erfolgreich gestalten

Gleichgültig, ob es sich um eine Ausbildung, ein Praktikum, den ersten oder den fünften Job handelt: Erste Tage graben sich in unser Gedächtnis ein. Fast jeder kann von Überraschungen, Pannen oder Patzern berichten. Starten Sie lieber gleich richtig, statt Ihre Schokoladenseite erst später hervorzukehren. Denn der erste Eindruck sitzt tief ...

Was Sie am ersten Tag erwartet

Dienstag, der 1. März 2005. Tausende von Arbeitnehmern starten an diesem Tag in einen neuen Job. Begleiten wir zwei von ihnen ...

Beispiel 1: *Frau F. ist ganz schön aufgeregt: Heute tritt sie ihren neuen Job als Exportsachbearbeiterin bei der Meyer GmbH an. Als sie sich um 8:30 Uhr am Empfang meldet, wird Sie mit einem freundlichen „Ach, Sie sind die neue Kollegin. Herzlich willkommen!" begrüßt.*

Ihr Vorgesetzter holt sie ab und stellt sie zunächst Ihren Kolleginnen vor. „Frau Wagner ist schon seit sechs Jahren bei uns. Sie wird Sie als ‚Patin' bei der Einarbeitung unterstützen." Dazu übergibt ihr der neue Chef einen Hefter mit dem Aufdruck „Informationen für neue Mitarbeiter". Von der Büromaterialausgabe bis zu den Öffnungszeiten der Kantine ist hier vieles übersichtlich erklärt. Den neuen Arbeitsplatz schmückt ein Willkommensstrauß.

„Schauen Sie Frau Wagner heute einfach erst einmal über die Schulter. Um 14:00 Uhr erwartet man Sie im Personalbüro, um einige Formalitäten zu regeln." Frau Wagner lächelt aufmunternd. Die Anspannung von Frau F. löst sich allmählich ...

***Beispiel 2:** Als Herr P. um 8:30 Uhr die Eingangshalle der Müller AG betritt und sich dem Pförtner als „Pawelke, neuer Mitarbeiter im Einkauf" vorstellt, erntet er nur einen fragenden Blick. Der Pförtner greift zum Telefon: „Hallo, hier steht ein Herr Pawelke, Ihr neuer Mitarbeiter." Pause. „Nein, nein, der ist schon hier." Pause. „Ist gut, ich sag's ihm." Zu P.: „Moment noch, es holt Sie gleich jemand ab."*

10 Minuten später erscheint eine etwas gehetzt wirkende Dame. „Schulze, ich bin die Sekretärin von Herrn Mücke. Herr Mücke ist auf Dienstreise." Auf seinen Chef wird Herr P. heute also verzichten müssen. Frau Schulze platziert P. erst einmal im Vorzimmer. „Warten Sie bitte einen Augenblick." Abgang Frau Schulze. Aus dem Nachbarbüro dringen kurz darauf erregte Stimmen „... weiß ich doch nicht! ... wirklich anderes zu tun ... mir erzählt ja keiner was!" Die Vorzimmertür öffnet sich, Frau Schulze ringt sich ein Lächeln ab. „Ich denke, wir setzen Sie erst einmal zu Herrn Kaiser, dort ist ein Platz frei."

Kollege Kaiser hebt die Augenbrauen. „So, Sie sind der Neue! Na, den Mücke werden Sie bis Freitag nicht zu Gesicht kriegen. Was fangen wir jetzt mit Ihnen an?"

Zwei Firmen, zwei Welten. Und eine so real wie die andere. „Eingestellt und vergessen" sei oft genug die Haltung gegenüber neuen Mitarbeitern, beklagen selbst Personalfachleute (Becker, *Personalentwicklung*, S. 290). Ob man Ihnen einen herzlichen Empfang bereitet oder bass erstaunt ist, wenn Sie auf der Matte stehen, können Sie nicht vorhersehen. Indizien in die eine oder andere Richtung gibt es allerdings. Wie lief das Auswahlverfahren ab? Eine zügige Eingangsbestätigung für Ihre Bewerbung, die Zusendung einer Firmenbroschüre mit der Einladung zum Vorstellungsgespräch, gut vorbereitete Gesprächspartner, prompte Erstattung der Fahrkosten, rasche Zusendung des Arbeitsvertrages? Dann teilen Sie mit etwas Glück das Schicksal von Frau F. Hakte es dagegen im Vorfeld schon bei jeder Gelegenheit, sollten Sie sich keine allzu großen Hoffnungen auf einen gut vorbereiteten ersten Tag machen.

Am wahrscheinlichsten ist, dass Ihr erster Tag mit folgenden Aktivitäten vergeht:

- Vorstellung in der Abteilung (bei kleinen Unternehmen: im ganzen Haus) durch Ihren Vorgesetzten oder die Abteilungssekretärin
- Termin im Personalbüro zur Klärung der Formalitäten (Lohnsteuerkarte, Sozialversicherungsmeldung usw.)
- erste Erläuterungen zu Ihrer Tätigkeit (Einweisung durch einen Kollegen, Einlesen mit Hilfe von Akten o. ä.)
- evtl. gemeinsamer Gang zur Kantine
- evtl. einführendes Gespräch mit dem Chef zu anstehenden Aufgaben

Wie Sie einen guten „ersten Eindruck" hinterlassen

Natürlich sind Sie neugierig auf das neue Unternehmen. Sie können sicher sein, dass Ihre Kollegen ähnlich gespannt auf „den Neuen" sind. Jeder Neuzugang wird aufmerksam beäugt – das war schon in der Schule so, und daran hat sich Jahrzehnte später im Job wenig geändert. Der erste Eindruck einer Person bildet sich in Windeseile und setzt sich hartnäckig fest. Wenn es Ihnen daher gelingt, Sympathie zu wecken, haben Sie Ihren ersten Tag hervorragend gemeistert. Wie schaffen Sie das?

Von einem Neuzugang wird erwartet, dass er die bestehenden Spielregeln respektiert. Statt „Hoppla, jetzt komm ich!" sind daher Anpassungsfähigkeit und freundliches Interesse gefragt. Hier können Sie gleich zu Beginn die richtigen Signale setzen.

Erfolgsrezept für einen gelungenen 1. Tag	
Zutaten: Pünktlichkeit, passende Kleidung, Freundlichkeit, Interesse, Selbstbewusstsein.	*Ergebnis:* Der Eindruck, – dass Sie dazugehören möchten, – dass Sie sich aktiv einbringen möchten.

Pünktlichkeit

Am ersten Tag zu spät dran zu sein ist nicht nur peinlich; Sie riskieren damit, dass man Sie gleich für unzuverlässig hält. Kalkulieren Sie so viel Zeit ein, dass auch ein kleiner Stau oder ein S-Bahn-Ausfall drin ist. Berücksichtigen Sie außerdem, dass der Weg vom Pförtner bis in die Abteilung in Großunternehmen noch mal eine kleine Reise bedeuten kann.

Passende Kleidung

Was „man“ beim neuen Arbeitgeber trägt, haben Sie beim Vorstellungsgespräch sehen können. In manchen Unternehmen gibt es offizielle Kleidungsregeln, z. B. in vielen Banken; ungeschriebene „Dresscodes“ gibt es überall. In einer Anwaltskanzlei geht es eben förmlicher zu als in einer Saftbar, und das drückt sich auch im Outfit aus. Mit Jeans und flippigem T-Shirt sind Sie im zweiten Fall vielleicht genau richtig angezogen, im ersten machen Sie sich damit unmöglich. Passend angezogen zu sein zeigt eben auch, dass Sie den Job richtig einschätzen. Sauber und gepflegt sollte Ihre Kleidung natürlich in jedem Fall sein; ungeputzte Schuhe, baumelnde Knöpfe, zerknautschte Blusen sind tabu.

TIPP

Überlegen Sie frühzeitig, was Sie am ersten Tag anziehen wollen, und machen Sie eine Generalprobe. Was sagt der Blick in den Spiegel? Sind Sie mit Ihrem Outfit zufrieden? Wenn Sie unsicher sind, wie förmlich Sie sich kleiden sollen, wählen Sie besser die schickere Variante. „Overdressed" zu sein, sieht man einem Neueinsteiger eher nach als zu saloppes Auftreten.

Freundlichkeit

Gehen Sie offen und freundlich auf Ihre neuen Kollegen zu: Sehen Sie den Leuten ins Gesicht, lächeln Sie! Versuchen Sie, sich zumindest die Namen Ihrer unmittelbaren Kollegen zu merken. Das geht am besten, wenn Sie den Namen gleich wiederholen, sobald Ihnen jemand vorgestellt wird – nach einem „Guten Tag, Frau Meyerbach-Hoppenstock!" haben Sie selbst schwierige Doppelnamen im Griff. Erinnern Sie sich an Ihre gute Kinderstube: Mit Bitte und Danke, Grüßen oder Tür aufhalten machen Sie nie etwas verkehrt.

Interesse

Hören Sie aufmerksam zu, wenn man Ihnen etwas erzählt oder erklärt. Fragen Sie nach, wenn Sie etwas nicht verstehen oder genauer wissen möchten. Woher sollen Sie wissen, was man beispielsweise im Unternehmen unter „KVP“ oder „Tifoli“ versteht, welche Software verwendet wird oder welche Abteilung für xyz zuständig ist? Berufserfahrene Neulinge schrecken manchmal vor Fragen zurück, weil sie nicht ahnungslos wirken wollen. Diese Sorge ist unbegründet, im Gegenteil: Man erwartet, dass neue Mitarbeiter Fragen haben. „Wer keine Fragen stellt, weckt Befremden“, meint Volker Stern, langjährige Führungskraft bei der Kasseler Bank dazu. Ins Fettnäpfchen treten Sie allenfalls, wenn Sie sich hartnäckig nach Pausenzeiten, Urlaub oder sozialen Vergünstigungen erkundigen.

Selbstbewusstsein

Damit ist nicht gemeint, dass Sie Ihre fachliche Überlegenheit herauskehren oder den dicken Max markieren sollen. Besserwisserei und Überheblichkeit verzeiht man gerade Neuzugängen nicht. Machen Sie sich aber auch nicht kleiner, als Sie sind. Testfall an Ihrem ersten Tag ist die Vorstellungsrunde im engeren Kollegenkreis. Heißt es im Möbelhaus etwa: „Das ist Ihr Kollege Herr Koch, unser Küchenspezialist“, wäre „Guten Tag, Herr Koch. Die große Küchenabteilung habe ich schon beim Betriebsrundgang bewundert“ eine gute Begrüßung. Selbstbewusstsein strahlt man auch und gerade durch die Körpersprache aus: fester Händedruck, offener Blick, ruhige und deutliche Spache. Wenn Sie sich dagegen gleich wundern, dass man noch auf das „veraltete System“ der Sowieso-Küche setzt, haben Sie sich schon den ersten Feind gemacht – ganz gleich, ob Sie Recht haben oder nicht.

TIPP

Bereiten Sie sich auf die Vorstellungsrunde vor. Dazu gehört, dass Sie gewappnet sind, wenn Ihr neuer Chef Sie bittet: „Frau X, vielleicht sagen Sie selbst ein paar Worte zu Ihrer Person!“ Dann sollten Sie in der Lage sein, Ihren beruflichen Hintergrund in zwei, drei Sätzen zusammenzufassen – Beispiel: „Nach meiner Ausbildung zur Krankenschwester habe ich vier Jahre im Städtischen Krankenhaus gearbeitet, zunächst in der Unfallchirurgie, dann in der Inneren. Berufsbegleitend habe ich mich zur Intensivpflegerin weiterqualifiziert und freue mich daher darauf, Sie hier auf der Intensivstation zu unterstützen!“

Was tun, wenn keiner Bescheid weiß?

Die Antwort lautet kurz und knapp: gute Miene zum bösen Spiel machen. Bleiben Sie freundlich und halten Sie sich mit unbedachten Bemerkungen zurück. Dazu gehören vorwurfsvolle Kommentare („Aber Sie wissen doch seit Monaten, dass ich komme!“) genauso wie kleine Scherze („Na, da kann ich ja gleich wieder gehen, oder?!“). Vielleicht versteht Ihre neue Umgebung wenig Spaß, und Sie haben mit dem kleinen Witz gleich den Ruf der Leichtfertigkeit weg. Und vielleicht verbirgt sich hinter dem schnöden Empfang sogar Methode, weil man Ihre Belastbarkeit testen will.

Wahrscheinlicher ist allerdings, dass hoher Arbeitsdruck, internes Chaos oder schlicht die Unfähigkeit Einzelner dafür verantwortlich sind, wenn sich Ihr erster Tag gestaltet, als seien Sie unerwartet vom Himmel gefallen. Üben Sie sich in Geduld, geben Sie sich erst einmal mit dem Schreibtisch des kranken Kollegen oder dem hektisch zusammengestellten Arbeitsmaterial zufrieden.

TIPP

Setzt sich das Chaos in den nächsten Tagen fort, ergreifen Sie selbst die Initiative. Was müssen Sie wissen, um mit der Arbeit starten zu können? Was brauchen Sie, um Ihre Aufgaben zu erledigen? Gehen Sie mit Fragen und Vorschlägen auf Vorgesetzte und Kollegen zu.

Den neuen Chef für sich gewinnen

Ihr Vorgesetzter ist mit Abstand die wichtigste Person im neuen Unternehmen: Er entscheidet maßgeblich, ob Sie die Probezeit überstehen. Kein Grund zur Panik, denn Ihr neuer Chef hat gleichzeitig ein Interesse daran, dass Sie sich bewähren. Schließlich hat er Sie selbst mit ausgesucht. Eine Bruchlandung würde auch auf ihn zurückfallen und die Frage aufwerfen, ob es mit seiner Urteilsfähigkeit womöglich nicht so weit her ist. Kluge Einsteiger machen ihren Chef deshalb zum Verbündeten.

Chefs sind auch nur Menschen ...

Ein Karrieremagazin hat vor Jahren Hunderte von Beschäftigten gefragt, wie sie sich ihren Chef wünschen. Die einhellige Meinung: Verständnisvoll sollte er sein, aber auch konsequent, sehr fachkompetent, gleichzeitig offen für Kritik und obendrein belastbar und zuverlässig (*BIZZ* 7, 1999). Wo diese Supermenschen zu finden sind, wurde in der Studie leider nicht beantwortet. Seien wir ehrlich: Ich habe Fehler, Sie haben Fehler, und Ihr nächster Vorgesetzter hat mit ziemlicher Sicherheit auch welche.

Natürlich kann man es besser oder schlechter treffen. Und manche Mitarbeiter und manche Chefs passen einfach nicht zusammen. Ein zurückhaltend-stiller Mensch mag sich mit einem Temperamentsbolzen ähnlich schwer tun wie ein detailverliebter Perfektionist mit einem Machertyp. Wo Gegensätze aufeinander prallen, hat hoffentlich eine Seite nach dem Vorstellungsgespräch die Notbremse gezogen.

TIPP

Gehen Sie die Zusammenarbeit mit Ihrem Vorgesetzten lieber nüchtern an, als der Wunschvorstellung eines idealen Superchefs nachzuhängen. Ihr Ziel sollte es sein, eine gut funktionierende Arbeitsbeziehung aufzubauen, nicht mehr und nicht weniger. Dabei ist auch Ihr taktisches Geschick gefragt. Wie „tickt" Ihr Chef? Worauf legt er besonderen Wert? Was treibt ihn zur Weißglut? Durch Beobachtung und eigene Erfahrung werden Sie das in den ersten Wochen schnell herausbekommen.

Sie sehen gar nicht ein, warum Sie sich solche Mühe geben sollen, wo doch Ihr Chef das dickere Gehalt und höhere Ansehen einheimst? Nun, erstens geht diese Haltung an der Unternehmenswirklichkeit vorbei, und zweitens scheuen Sie bei Ihrer Schwiegermutter oder dem nervigen Nachbarn doch auch nicht vor strategischem Verhalten zurück. Warum also bei Ihrem Boss?

Was Ihr Boss von Ihnen erwartet

Ein paar Dinge erwarten alle Chefs, ganz unabhängig von ihren persönlichen Vorlieben oder Macken:

- Leistung
- Loyalität
- die Anerkennung ihrer Autorität

„Ungünstig ist, wenn der Eindruck entsteht, dass man den neuen Mitarbeiter zum Jagen tragen muss", weiß Personalfachmann Dr. Heiko Konrad. Wer schon in der Probezeit durch eine ausgesprochene Schonhaltung auffällt, gefährdet seinen Job: Die meisten Vorgesetzten gehen davon aus, dass ein Neueinsteiger sich besonders ins Zeug legt, um den Einstieg zu packen. Für Maren Lehky, langjährige Personalleiterin in einem Großunternehmen, ist „Dienst nach Vorschrift" daher ein Grund für eine Probezeitkündigung. Was sich langjährige Mitarbeiter vielleicht erlauben können – Überstunden penibel abzugleiten und mit dem Feierabend-Gongschlag das Unternehmen zu verlassen –, gilt daher noch lange nicht für Einsteiger.

TIPP

Die Arbeitsbelastung in den meisten Branchen ist hoch, und sie wächst weiter. Das gilt für die Mitarbeiter, aber es gilt genauso für die Chefs. Ein Gruppen- oder Abteilungsleiter muss Erfolge vorweisen, wenn er die nächste Umstrukturierung überleben will.

Dafür braucht er leistungsbereite Mitarbeiter. Je mehr er von Ihnen erwarten kann, desto unentbehrlicher sind Sie deshalb für ihn. Ihr Chef ist also Ihr wichtigster Kunde!

Loyalität übersetzt der Fremdwörter-Duden mit „Treue gegenüber der herrschenden Gewalt", mit „Anständigkeit" oder „Redlichkeit". Jeder Vorgesetzte will sich darauf verlassen können, dass Sie weder Betriebsgeheimnisse ausplaudern noch gegenüber Dritten schlecht über ihn reden. Stimmen Sie deshalb nicht gleich in jede Lästerrunde ein. In fast jedem Kollegenkreis gibt es jemanden mit einem ganz dicken Draht zum Chef, der Ihre Bemerkungen nur zu gerne weiterträgt. Und auf was müsste sich ein Vorgesetzter später noch gefasst machen, wenn Sie ihn schon in den ersten Wochen öffentlich zum Dünnbrettbohrer erklären? Ähnlich gefährlich ist der Gang zum Chef vom Chef. Auch wenn in Ihrer Abteilung Chaos herrscht, verzeiht es Ihnen niemand, an höherer Stelle angeschwärzt zu werden. Und vielfach wird man sich dort aus Prinzip vor Ihren Vorgesetzten stellen: Denken Sie einfach daran, wer Ihren Boss eingestellt oder befördert hat: vermutlich der Oberboss!

Und schließlich: Chef bleibt Chef, auch wenn sich das Unternehmen noch so stark einem demokratischen Führungsstil verschrieben hat. Die Einbeziehung der Mitarbeiter in Entscheidungsprozesse bedeutet noch lange nicht, dass Sie gefahrlos am Chefsockel rütteln dürfen. Ihre Meinung, Ihre Ideen, Ihre Vorschläge – all das ist gefragt. Doch wenn Sie ...

- Ihrem Boss hartnäckig widersprechen („Aber sehen Sie denn nicht, dass ..."),
- ihn belehren („Jeder weiß doch, dass ..."),
- ihm in Worten oder Gesten zu verstehen geben, wie gering Sie seine Kompetenz schätzen (z. B. durch abschätziges Lächeln oder häufiges Ins-Wort-Fallen) oder ihn sogar
- vor anderen bloßstellen (z. B. indem Sie ihm in der Abteilungsbesprechung vor aller Augen Fehler nachweisen) ...,

... könnte es schnell ungemütlich für Sie werden.

! TIPP Vermeiden Sie Rechthaberei. Auch wenn Ihr Chef mit einer Schnapsidee aufwartet, können Sie einen Machtkampf nur verlieren. Formulieren Sie „Vorschläge", nicht Gegenpositionen.

Cheftypen: Wie Sie geschickt auftreten

Klappt die Zusammenarbeit mit Ihrem Chef, machen Sie sich das (Berufs-)Leben um vieles leichter. Dafür müssen Sie Ihren Vorgesetzten nicht lieben, Sie müssen ihn nur zu nehmen wissen. Die folgende Übersicht der wichtigsten „Cheftypen" schärft Ihren Blick für die Macken Ihres Vorgesetzten und zeigt, wie Sie damit umgehen können. Denn auch wenn jeder Mensch einzigartig ist, lassen sich Gemeinsamkeiten ausmachen.

Der Ausbeuter: „Der Tag hat 24 Stunden . . ."

„. . . und wenn die nicht reichen, nehmen Sie die Nacht dazu!" Wenn Ihr Chef solche Sprüche klopft, machen Sie sich schon einmal auf lange Arbeitstage gefasst. Mag sein, dass Ihrem Vorgesetzten das Wasser selbst bis zum Hals steht, weil er mit immer weniger Leuten immer mehr Arbeit bewältigen muss. Oder er erwartet als eingefleischter Workaholic von Mitarbeitern einfach bedingungslosen Arbeitseinsatz. Also bürdet er Ihnen eine Aufgabe nach der anderen auf, braucht grundsätzlich kurz vor Feierabend noch Dinge, die Sie Stunden beschäftigen werden, und setzt Besprechungen ohne mit der Wimper zu zucken am späten Freitagnachmittag an. Was tun?

Das Problem heißt „Grenzen setzen". Sind die Ansprüche Ihres Chefs grenzenlos, müssen Sie das selbst in die Hand nehmen. In der Probezeit ist eine solche Grenzziehung natürlich doppelt schwer. Mögliche Taktik:

- Orientieren Sie sich in der Probezeit am Abteilungsschnitt: Sie müssen nicht jeden Tag der Letzte sein, der das Haus verlässt. Sie sollten aber auch nicht der Erste sein.
- Strengen Sie sich an und sorgen Sie dafür, dass Ihr Chef das auch mitbekommt. Vermeiden Sie besonders in seiner Gegenwart Wehleidigkeit oder allgemeines Gejammer („Ich weiß gar nicht, wie ich das alles schaffen soll!"). Dagegen ist der Workaholic allergisch.
- Wächst Ihnen die Arbeit über den Kopf, schildern Sie sachlich Ihr Dilemma und fragen Sie den Vorgesetzten, was ihm am wichtigsten ist. Beispiel: Die Ablage neu ordnen, alle

diktierten Texte schreiben und die Firmenbroschüre übersetzen – das geht bis Freitag nicht. Sie schlagen vor, die Ablage zu verschieben. Eine solche Flucht nach vorn ist allemal besser, als gehetzt schlechte Ergebnisse abzuliefern.
- Ziehen Sie die Zügel nach der Probezeit etwas an: Fordern Sie häufiger solche Wichtigkeitsentscheidungen ein. Lassen Sie auch mal etwas liegen, wenn Sie auf taube Ohren stoßen. Solange Sie immer alles schaffen, wird Ihre Lage nicht besser!

Der Blindgänger: Keine Ahnung

So richtig im Griff hat der Chef gar nichts, das merken Sie schon nach wenigen Tagen. Bei Fachfragen flüchtet er in allgemeines Geschwafel, Planung liegt ihm nicht besonders, und mit der Organisation hapert es, weil er wichtige Dinge schon mal übersieht. Sie fragen sich ernsthaft, wie er zu seinem Posten gekommen ist.

Das Problem: Ihr Chef mag in Ihren Augen eine glatte Fehlbesetzung sein – wenn Sie ihn diese Einschätzung merken lassen, müssen Sie sich auf Unannehmlichkeiten gefasst machen. Denn wie andere Chefs reagiert er sehr empfindlich auf alles, was seine Chefwürde infrage stellt. Mögliche Taktik:

- Wenn Ihr Chef nicht weiß, wo es langgeht, müssen Sie sich in der Einarbeitungszeit anderswo Unterstützung suchen. Halten Sie sich an erfahrene Kollegen, wenn Sie keinen Mentor oder Paten haben.

- Bringen Sie Ihren Chef nicht durch Fragen in Verlegenheit, die er ohnehin nicht beantworten kann. Wenn Sie Pech haben, erzählt er einfach etwas Falsches. Die meisten Menschen, und erst recht die meisten Chefs, haben große Probleme mit dem simplen Satz „Das weiß ich nicht!“
- Verkneifen Sie sich Augenrollen oder empörten Widerspruch nach dem Muster „Aber das stimmt doch gar nicht!“ Seien Sie diplomatischer: Statt Ihren Vorgesetzten zu korrigieren oder zu belehren („Sie übersehen dabei ...“) formulieren Sie lieber ergänzende Ideen.

Der Ehrgeizling: Hauptsache Karriere

Ihr Chef will nach oben: Seine augenblickliche Position betrachtet er nur als lästigen Zwischenstopp beim weiteren Aufstieg. Also achtet er peinlich darauf, vor seinen Vorgesetzten im richtigen Licht zu stehen, mit wichtigen Leuten gesehen zu werden, an der richtigen Stelle brav zu nicken (egal, was der Vorstand mal wieder erzählt). Sein Auftreten ist schneidig-entschieden, sein Anzug teuer, der Hubraum seines Dienstwagens wichtiger als manche Sachfrage. Der typische Karrierist ist eher 30 als 50, männlich, Hochschulabsolvent und kostet seine Mitarbeiter durch eine Mischung aus Rücksichtslosigkeit, Anmaßung und trendigem Managementwortschatz eine Menge Nerven.

Das Problem: Fairness und Gerechtigkeitssinn dürfen Sie von einem ausgesprochenen Karrieristen nicht erwarten – gut ist, was ihn voranbringt, schlecht, was ihn ausbremst. Das gilt auch für Mitarbeiter. Mögliche Taktik:

- Auf der sicheren Seite sind Sie, solange Ihr Chef den Eindruck hat, dass Sie ihm/seiner Karriere nützen. Legen Sie sich in der Probezeit ordentlich ins Zeug, um diesen Eindruck zu bestärken.
- Erwarten Sie nicht zu viel Geduld von Ihrem neuen Boss. Statt die Samthandschuhe überzustreifen fährt er eher die Krallen aus, wenn seine Leute nicht richtig „funktionieren". Gewinnen Sie lieber die Unterstützung Ihrer Kollegen (siehe Seite 41 ff.), als bei der Einarbeitung auf seine Hilfe zu setzen.
- Passen Sie auf, dass Sie als Neueinsteiger nicht zum Sündenbock für Pannen gemacht werden. Auch dafür sind Sie auf Tipps Ihrer Kollegen angewiesen, die Sie vor einem Himmelfahrtskommando warnen.

Der Erbsenzähler: Alles unter Kontrolle!?

Während mancher Chef den Wurf ins kalte Wasser für die beste „Einarbeitung" hält, bevorzugt der Erbsenzähler die kurze Leine. Fehler und Pannen sind ihm ein Graus, Ordnung ist sein ganzes Leben. Und da kaum jemand so genau ist wie er selbst, kontrolliert er penibel nach.

Das Problem: Als neuer Mitarbeiter sind Sie zwangsläufig ein Unsicherheitsfaktor. Wer weiß, was Sie alles anrichten?! Mögliche Taktik:

- Die Zügel werden sich nur lockern, wenn Sie sich das Vertrauen Ihres Chefs erarbeiten. Bemühen Sie sich also um besonders saubere, korrekte Arbeit. Tippfehler, „vergessene" Aufträge oder handwerkliche Schönheitsfehler treiben ihn zur Weißglut.

- Versuchen Sie nicht, seinen Kontrollen auszuweichen. Das macht Ihren Boss erst recht misstrauisch. Geben Sie bereitwillig Auskunft, halten Sie sich an Absprachen. Nur wenn er den Eindruck gewinnt, dass Sie Ihre Sache ordentlich machen, wird er mittelfristig auf Detailkontrollen verzichten.

Der Unnahbare: Dienst ist Dienst ...

Privates oder gar Gefühle haben im Job nichts verloren, davon ist dieser Chef felsenfest überzeugt. Sein Verhältnis zu Mitarbeitern ist distanziert – im besten Fall sachlich-nüchtern, im schlimmsten Fall kalt und unpersönlich. Zahlen, Daten, Fakten: Das ist die Sprache, die er versteht. Er redet gern „Klartext" und wundert sich immer wieder aufs Neue, wenn er andere mit seiner direkten Art vor den Kopf stößt. Unter Technikern oder Naturwissenschaftlern ist diese Haltung nicht selten.

Das Problem: Der Jobeinstieg rüttelt die meisten Menschen gehörig durch – plötzlich ist man wieder Azubi und ziemlich verunsichert. Gerade in dieser Phase wäre man für Aufmunterung oder Lob so dankbar. Doch das verweigert der unnahbare Vorgesetzte konsequent. Mögliche Taktik:

- Versuchen Sie erst gar nicht, Ihren neuen Chef aus seinem Schneckenhaus zu locken. Private Bekenntnisse empfindet er als aufdringlich, Gefühlsausbrüche als peinlich.

- Finden Sie sich mit seiner Messlatte ab: Schweigen ist sein höchstes Lob. Solange er nicht meckert, ist vermutlich alles in Ordnung. Erwarten Sie in Feedback-Gesprächen also keine Lobeshymnen, sondern allenfalls ein knappes Nicken.
- Wahren Sie die Fassung, wenn er Klartext redet. „Frau Weber, das läuft so nicht! Ich erwarte, dass Sie das abstellen": Was für Sie kaltschnäuzig klingt, ist für ihn ganz normale „sachliche Kritik".
- Suchen Sie sich Ihre Nestwärme zu Hause, bei Freunden oder bei netten Kollegen – Ihr Chef scheidet als Wärmelieferant aus.

Der Väterliche: Wehe dem Unartigen!

Auf den ersten Blick ist dieser Chef die ideale Vaterfigur: freundlich, um seine Mitarbeiter besorgt, mit reichem Erfahrungsschatz, den er bereitwillig austeilt. Schließlich kennt er das Geschäft seit mehr als 20 Jahren.

Das Problem: Vielleicht hat sich in den letzten 20 Jahren ja etwas geändert, und die alten Rezepte greifen nicht mehr? Vielleicht erhofft sich die Geschäftsführung von Ihnen „frischen Wind", und Sie sitzen nun zwischen allen Stühlen? Widerspruch ist Majestätsbeleidigung, und dass die Küken flügge werden, macht Vätern im Allgemeinen schwer zu schaffen. Mögliche Taktik:

- Erkennen Sie den Erfahrungsvorsprung Ihres Chefs an – zollen Sie ihm Bewunderung, fragen Sie ihn um Rat.

- Beißen Sie sich lieber die Zunge ab, als aktuelle Zustände als „vorgestrig“ oder „veraltet“ zu kritisieren. Preschen Sie nicht unbedacht vor, sondern warten Sie einige Wochen, ehe Sie behutsam erste Vorschläge machen.
- Verpacken Sie Neuerungen eher als „Weiterentwicklungen“, wenn möglich. Verzichten Sie auf modische Begriffe, die Ihr Chef als Schnickschnack abtun wird.
- Bleiben Sie sachlich, auch wenn Sie das autoritäre Gehabe nervt. Wenn Sie aufbegehren, wird Ihr Chef Sie wie ein unartiges Kind bestrafen.

Der Wüterich: Vorsicht, Explosionsgefahr!

Ob Sie es mit einem eingefleischten Choleriker zu tun haben, wissen Sie spätestens am Ende der ersten Woche. Länger dürfte ein Wutausbruch selten auf sich warten lassen. Wenn Sie Glück haben, ergießen sich Vorwürfe, persönliche Angriffe oder gar Kündigungsdrohungen über einen Ihrer Kollegen und nicht gleich über Sie.

Das Problem: Ein Choleriker will Dampf ablassen und meint längst nicht alles ernst, was er androht. Altgediente Mitarbeiter wissen das; Neueinsteiger trifft es oft unvorbereitet. Außerdem haben Choleriker meist Lieblingsopfer, während sie andere Mitarbeiter unbehelligt lassen. Natürlich möchten Sie zur zweiten Gruppe gehören. Mögliche Taktik:

- Wappnen Sie sich innerlich: Es ist nur eine Frage der Zeit, bis es Sie treffen wird.
- Tun Sie dem Wüterich nicht den Gefallen, schuldbewusst

in sich zusammenzusinken oder gar in Tränen auszubrechen. Er liebt hilflose Opfer. Stellen Sie sich den Tobenden notfalls in grün karierter Unterhose vor, wenn Ihnen das hilft, die Fassung zu wahren.

- Sofortiger Widerspruch oder der Versuch, „vernünftig" mit einem Choleriker zu reden, fruchten nichts. Wer herumbrüllt, will nicht vernünftig sein, sondern sich austoben. Beschwichtigungsversuche gießen nur Öl ins Feuer.
- Lassen Sie den Ausbruch äußerlich unbewegt an sich abprallen – notfalls lassen Sie ihn einfach stehen.

Mit den Kollegen klarkommen

Mit den Kollegen verbringt mancher mehr Zeit als mit dem Ehepartner – und den konnte man sich wenigstens aussuchen. Dennoch müssen Sie in der Probezeit nicht nur Ihren Chef, sondern auch die neuen Mitstreiter überzeugen: Ihre „Integration ins Team" wird ebenso genau registriert wie Ihre fachliche Eignung. Ein Neuer, der sich nicht in den Kollegenkreis einfügen kann oder gar Unfrieden stiftet, steht schnell auf verlorenem Posten. Kommen Ihre Kollegen dagegen rasch zu dem Urteil, dass Sie ein ganz netter und kompetenter Zeitgenosse sind, haben Sie schon fast gewonnen.

Wie Sie rasch akzeptiert werden

Wenn jemand neu in eine Gruppe kommt, erwartet man von ihm, dass er sich aktiv um seine Aufnahme kümmert. Da unterscheidet sich der Kollegenkreis kaum vom Handballteam oder Reitverein: „Der Neue" muss sich anstrengen. Schließlich sind die erfahrenen Kollegen weniger auf ihn angewiesen als er auf sie. Umgekehrt heißt das: Wenn Sie sich erkennbar um eine gute Zusammenarbeit bemühen, erleichtern Sie sich den Einstieg enorm. Was heißt das im Einzelnen?

1. Antennen ausfahren

„Wer neu in ein Team kommt, weiß weder, wie man dort miteinander umgeht, noch, welche Beziehungen dort herrschen“, verdeutlicht Thomas Klappauf, langjähriger Personalleiter eines Krankenhauses. Es sei daher sehr wichtig, „ein Gespür zu entwickeln für die Beziehungen innerhalb des neuen Teams“.

! TIPP

Beobachten Sie, wie die Leute miteinander reden. Ist man freundlich oder herrscht ein sachlich-nüchterner oder gar harscher Umgangston? Duzt man sich oder ist man per Sie? Spricht man über Privates, scherzt man miteinander, oder ist beides tabu? Gibt es Grüppchen, die immer zusammenhängen? Gibt es Regeln, an die sich alle halten – vom reihum Kaffeekochen bis zum monatlichen Treff in der Kneipe um die Ecke? Kurzum: Gehen Sie mit offenen Augen durch das Unternehmen.

2. Sich an die Spielregeln halten

Passen Sie sich den Gepflogenheiten an – beharren Sie nicht auf dem Sie, wenn sich alle duzen (oder umgekehrt, versuchen Sie nicht, mit dem Du neue Sitten einzuführen). Kochen Sie bereitwillig Kaffee, wenn alle mal dran sind. Schließen Sie sich nicht vom gemeinsamen Kantinengang aus, auch wenn Sie manchmal vielleicht lieber allein wären. Fragen Sie, wie etwas gehandhabt wird, und respektieren Sie die Dienstwege.

3. Anderen nicht unnötig auf die Zehen treten

Es gibt einige unschlagbare Methoden, sich beim Jobeinstieg in Windeseile unbeliebt zu machen. Eine davon ist Besserwisserei. Wie würden Sie reagieren, wenn Ihnen ein neuer Mitarbeiter schon am dritten Tag erklärt, was alles anders werden sollte? Auch die Nase ein wenig höher zu tragen, rächt sich schnell. Mag ja sein, dass Sie eine wichtige Zusatzausbildung, bessere Sprachkenntnisse oder Erfahrung beim Branchenführer haben – all das wird Ihnen wenig nützen, wenn die Kollegen Sie verärgert auflaufen lassen und Ihnen z.B. Infos vorenthalten. Vermeiden Sie außerdem, Ihre alte Firma als leuchtendes Vorbild hinzustellen. Den Satz „Bei der XY GmbH haben wir aber..." streichen Sie am besten. Er baut unnötig Barrieren auf – wer will schon hören, dass es anderswo besser ist?

4. Sich engagieren

Viele Arbeitnehmer schieben einen Berg von Überstunden vor sich her und gehen trotzdem mit dem unguten Gefühl nach Hause, wieder nicht alles geschafft zu haben. Klar, dass man sich von einem Neuen tatkräftige Unterstützung erhofft. Lange Schonfristen sind da kaum vorgesehen; man braucht Leute, die mitziehen. Enttäuschen Sie diese Erwartung nicht. „Senden Sie die Botschaft aus: Ich möchte mich hier gern einbringen und mit dabei sein, was kann ich tun?", rät die Personalleiterin und Unternehmensberaterin Maren Lehky. Dazu gehört, „sich unentbehrlich und nützlich zu machen, auch Jobs zu übernehmen, auf die man nicht so viel Lust hat, wenn sie dem Team oder dem Chef nützen".

Kollegentypen: Wie Sie Ihren Platz im Team finden

Auch wenn das Eis nach einigen Tagen gebrochen ist, wird es eine Weile dauern, bis Sie Ihren Platz im Kollegenkreis erobert haben. Bis Sie wissen, wem Sie wirklich vertrauen können, sollten Sie Ihr Herz nicht auf der Zunge tragen. Vor allem vor den folgenden Zeitgenossen nehmen Sie sich besser in Acht:

Der Jammerer und Schwarzmaler

Das Leben ist ungerecht, die Firma ein Jammertal, die Zukunft düster. Sooo schlimm wie gerade jetzt war es noch nie (wirklich!), und dann noch immer auf die Kleinen! So nörgelt sich der Jammerer munter durchs Leben. Ehe Sie in das Trauerlied mit einstimmen, halten Sie lieber Abstand: Der typische Jammerer braucht einfach ein Publikum, um sich zu entlasten. Ihm geht's besser, wenn er sich ausgejammert hat, dafür hat er Ihnen die Laune vergällt. Nehmen Sie nicht alles für bare Münze, was er erzählt. Erkundigen Sie sich also lieber nicht beim Chef, ob das Unternehmen tatsächlich gerade vor die Hunde geht.

Die Klatschbase

... die durchaus auch männlich sein kann. Sie brennt darauf, Ihnen „ganz im Vertrauen" die Augen zu öffnen. Lassen Sie sich dadurch aus der Reserve locken und beispielsweise selbst ein paar kritische Bemerkungen über den Gruppenleiter fallen, können Sie ebensogut gleich einen Aushang am schwarzen Brett machen. Reagieren Sie lieber einsilbig und wechseln Sie das Thema.

Der Konkurrent

Das kann der Gruppenprimus sein, der seine Entthronung fürchtet, oder auch ein Kollege, der sich auf Ihre Stelle beworben und sie nicht bekommen hat. Indizien: schroffes Verhalten eines Einzelnen, Abblocken Ihrer Fragen, hämische Bemerkungen in Gegenwart Dritter. Lassen Sie sich nicht auf einen Streit ein, bleiben Sie unbeirrbar sachlich und freundlich. Mit ein wenig Glück erledigt sich das mit der Zeit von selbst. Tut es das nicht, machen Sie ruhig, aber bestimmt klar, dass Sie sich unfaires Verhalten nicht bieten lassen.

Der Verlierer

Es gibt sie in vielen Abteilungen: die Kollegen, die keiner mehr ernst nimmt, weil sie als trottelig, chaotisch oder schlicht unfähig gelten. Wer derart auf verlorenem Posten steht, ist dankbar für jeden Verbündeten. Seien Sie deshalb auf der Hut, wenn Ihnen jemand gleich am ersten Tag das Du anbietet oder auf andere Art auffällig Ihre Nähe sucht. Gehen Sie auf das Bündnis ein, färbt der schlechte Ruf womöglich auf Sie ab.

Nicht mehr Außenseiter sein, sondern nach einigen Wochen einfach dazugehören – das wird Ihnen am ehesten gelingen, wenn Sie freundlich auf Ihre Kollegen zugehen, sich mit unbedachten Bemerkungen zurückhalten und sich erkennbar bemühen, zum Abteilungserfolg beizutragen. Was nicht ausschließt, dass Sie gelegentlich auch die Zähne zeigen müssen ...

„Neue“ werden getestet

Beispiel 1: *Gerlinde A. ist als Altenpflegerin in einem Seniorenstift neu angestellt. Gleich in der zweiten Wochen fragt Kollegin B., ob man nicht die Samstagsschicht tauschen könne, da ihr Sohn Geburtstag habe. Frau A. stimmt zu, schließlich möchte sie gut mit den Kolleginnen auskommen. Dummerweise muss Kollegin B. drei Wochen später zu einer samstäglichen Familienfeier, und dann ist da noch das Handballturnier der Tochter am übernächsten Wochenende ...*

Soll Frau A. nachgeben, um es sich nicht mit der Kollegin B. zu verderben? Wenn sie auf die Dauer ihre eigene Wochenendplanung den Plänen der Kollegin unterordnen will, kann sie das tun. Und vermutlich wird es sich bald herumsprechen, dass man hier jemanden gefunden hat, der nicht Nein sagen kann.

Achten Sie bei aller Freundlichkeit darauf, dass Sie nicht ausgenutzt werden. Manche Kollegen sehen in einem Neuen ein williges Opfer, dem man ungeliebte Aufgaben zuschanzen kann. Andere versuchen, ihren Platz in der Hackordnung zu festigen, indem sie den Neuzugang vor aller Augen vorführen. Wer sich nicht wehrt, läuft Gefahr, nicht mehr ernst genommen zu werden:

Beispiel 2: *Freitagnachmittag, in einer Landschaftsgärtnerei. Die drei fest angestellten Gärtner, etliche Hilfskräfte und der Inhaber stimmen die Arbeitseinsätze der kommenden Woche ab. Darunter Florian K., seit zwei Monaten als Gärtner mit dabei. K. interessiert sich für die Gestaltung eines Wintergartens in einem modernen Bürogebäude. „In meiner Gesellenprüfung habe ich den Wintergarten bei der Hammer AG –". Bevor er den Satz zu Ende führen kann, fällt ihm Kollege M. ins Wort: „Jung'chen, glaubste wirklich, dass wir hier freitags noch Vorträge über deine Prüfung hören wollen? Chef, lassen Se mich dat mal machen."*

Lässt Florian K. sich den Mund verbieten, wird Kollege M. ihm bei nächster Gelegenheit wieder Vorschriften machen. Damit zementiert sich die Gruppenhierarchie: M. ist – und bleibt – der Platzhirsch.

! TIPP

Zugegeben, der Grat zwischen Hilfsbereitschaft und Sich-ausnutzen-Lassen, zwischen Zurückhaltung und Unterordnung ist schmal. Denken Sie jedoch daran, dass sich Ihr Ansehen und Ihr Rang in der informellen Firmenhierarchie rasch festigt. Wenn Sie also den Eindruck gewinnen, jemand versucht systematisch, Sie klein zu halten, sollten Sie gegensteuern. Dabei gilt: Auch lächelnd kann man die Zähne zeigen!

Florian K. hält die Stellung, ohne M. direkt anzugreifen (etwa nach dem Muster „Was heißt hier Gesellenprüfung? Darf ich vielleicht auch mal was sagen!“). Stattdessen meint er sachlich: „Ich habe schon mal einen ähnlichen Wintergarten wie den im Bürohochhaus gemacht. Das könnte uns Zeit und Kosten sparen.“ Und Gerlinde K. bedauert freundlich, dass sie beim zweiten und dritten Wochenendtausch nicht zur Verfügung steht. Sie hat bedauerlicherweise selbst etwas vor...

Nützliche Kontakte knüpfen

„Wer neu im Unternehmen ist, braucht Tipps, und die können nur von Kollegen kommen. Kollegen können einem zum Beispiel sagen, worauf Vorgesetzter A Wert legt, und dass Vorgesetzter B die Dinge lieber anders hätte.“ Was Volker Stern, Vorstand der Kasseler Bank, hier beschreibt, gilt nicht nur für die eigene Arbeitsgruppe oder Abteilung, sondern unternehmensweit, und nicht nur für den Jobeinstieg, sondern auch später. Hilfestellung, Tipps oder nützliche Infos gibt es ungleich einfacher, wenn man die richtigen Leute im Unternehmen kennt.

Woran Sie die „richtigen“ Leute erkennen? Einen guten Draht zum Chef zu haben ist natürlich immer von Vorteil (siehe Seite 28 ff.). Viel Einfluss haben aber auch Leute, denen man ihre Macht nicht auf den ersten Blick ansieht – Sekretärinnen, die Zugang zum Vorgesetzten verschaffen oder eben nicht; Hausmeister, die dafür sorgen können, dass Ihre flackernde Neonröhre sofort ausgetauscht wird – oder das auf übermorgen verschieben; Mitarbeiter im Empfang, die Sie vorwarnen können, wenn ein wutschnaubender Kunde auf dem Weg zu Ihnen ist. Auf gutem Fuß mit einem Mitglied des Betriebsrats zu stehen, kann im Ernstfall Gold wert sein. Darüber hinaus gilt: Betrachten Sie den Kontakt zu engagierten und integeren Kollegen in allen Abteilungen als Gewinn, vom Servicetechniker bis zur Pressefrau.

TIPP

Bleiben Sie auf Weihnachtsfeiern, Geburtstagsumtrunken oder Betriebsausflügen nicht ausschließlich bei den Leuten, die Sie ohnehin schon kennen. Suchen Sie auch das Gespräch mit anderen. Nebenbei beweisen Sie so noch die Schlüsselqualifikation der „sozialen Kompetenz". Auch abteilungsübergreifende Projekte, und sei es die Vorbereitung der Weihnachtsfeier, sind ein guter Anlass, Kontakte zu knüpfen. Manche Unternehmen veranstalten Einführungstage für neue Mitarbeiter, auf denen sie sich mit Neuzugängen anderer Bereiche vernetzen können. Und wenn Sie nicht bis zur nächsten Veranstaltung warten wollen – wie steht's mit der Kantine?

Sie wissen gar nicht, was Sie da reden sollen? Smalltalk ist nicht Ihre Stärke? Keine Sorge, die meisten Menschen reden ohnehin lieber selber als anderen zuzuhören. Um das anzustoßen, genügt es meist, sich für den anderen ernsthaft zu interessieren. Fragen Sie nach Arbeitsgebieten oder Interessen, nach dem schicken neuen Auto oder dem Sommerurlaub. Wenn Sie noch dazu freundlich und zuverlässig auf arbeitsbedingte Anfragen reagieren, wird sich im Unternehmen bald herumsprechen, dass der Neue ein echter Gewinn ist!

Die neue Firma verstehen

Wer von der Schule oder nach dem Studium erstmals in ein Unternehmen wechselt, macht sich auf eine neue Welt gefasst. Wer dagegen schon Berufserfahrung besitzt, wiegt sich leicht in Sicherheit – schließlich weiß man, wie der Hase läuft. Die Berufswirklichkeit belehrt da rasch eines Besseren: Selbst bei gleicher Branche und Größe können zwischen zwei Unternehmen Welten liegen. Thomas Klappauf, Personalleiter einer Fachklinik, meint zum Thema Probezeit sogar: „Besonders gefährdet sind Leute, die zuvor langjährig an einem Arbeitsplatz tätig waren. Sie unterschätzen, dass Sie sich beim neuen Arbeitgeber oft ganz umstellen müssen – auf neue Menschen, neue Aufgaben, neue Gegebenheiten." Wie Sie das in der Praxis am besten anstellen, lesen Sie in diesem Kapitel.

Jedes Unternehmen ist anders

Produkte, Mitarbeiterzahl, Geschäftsform, Vertriebswege eines Unternehmens – solche harten Fakten lassen sich vergleichsweise leicht in Erfahrung bringen. Viel schwieriger wird es bei den weichen Faktoren. Wie freundlich oder ruppig die Mitarbeiter miteinander umgehen, ob Abläufe straff durchorganisiert oder eher chaotisch sind, ob „kooperative" Führung tatsächlich gelebt wird oder leere Fassade bleibt, ob man Konflikte löst oder lieber unter den Teppich kehrt, all das steht in keiner Firmenbroschüre.

Personalfachleute sprechen in diesem Zusammenhang von der „Kultur“ eines Unternehmens und meinen damit „die von der Unternehmensleitung, allen Führungskräften und Mitarbeitern anerkannten und gelebten Regeln, Normen und Wertvorstellungen (...), die das betriebliche Miteinander, die Leistungen und Beziehungen prägen“ (Becker, *Personalentwicklung*, S. 51).

Auch wenn jedes Unternehmen einzigartig ist, gibt es ein paar Eckdaten, die die Firmenkultur beeinflussen und die Ihnen helfen, die neue Welt schneller zu verstehen.

Was beeinflusst die Unternehmenskultur?	
Größe des Unternehmens	In *Kleinbetrieben* bis 30 Mitarbeiter geht es eher familiär zu – mit allen Licht- und Schattenseiten. Jeder kennt jeden, Privates spielt in den Berufsalltag hinein, alles steht und fällt mit der Person des Inhabers. *Mittelständische Unternehmen* zeichnen sich, so sie erfolgreich sind, durch viel Eigenverantwortung und hohe Leistungsanforderungen aus. Der Umgangston ist eher persönlich, der Einzelne bleibt „sichtbar“.

	Großunternehmen und Konzerne mit Tausenden von Mitarbeitern entwickeln zwangsläufig umfassende bürokratische Abläufe und strikte Arbeitsteilungen. Für alles und jeden gibt es Formulare, Vorschriften und Regelungen. Berufliches und Privates werden stärker getrennt, am Arbeitsplatz hält man sich bedeckt.
Branche	In *klassischen Produktionsbetrieben* geht man eher direkt, offen, fast hemdsärmelig miteinander um. In der *Medien- oder Kreativbranche* (z. B. Werbung, Design, Events/Veranstaltungen, Mode) verbirgt sich hinter einer Duzkultur nicht selten eine ausgesprochene Ellenbogenmentalität. Im *Sozialbereich* (Krankenhäuser, Kirchen, Altenheime) verschärfen Kostendruck und Arbeitsbelastung Konflikte, während nach außen der soziale Auftrag betont wird. *Finanzdienstleister* (Banken, Versicherungen) legen Wert auf verbindliches Auftreten und seriöse Außenwirkung. Man achtet auf Umgangsformen und die richtige Kleidung, Zurückhaltung prägt das Miteinander. *IT und Telekommunikation* schreiben sich Beweglichkeit, Innovation und moderne Managementprinzipien auf die Fahnen. Das

	bestimmt den Alltag vom modischen (natürlich englischen) Jobtitel bis zum Jonglieren mit Strategien und neuen Konzepten.
Wirtschaftliche Situation	Je *stabiler* die wirtschaftliche Lage eines Unternehmens ist, desto eher können Sie mit einem fairen Miteinander und geregelten Abläufen rechnen. Ist ein Unternehmen in *wirtschaftlichen Schwierigkeiten*, prägen Sparmaßnahmen und Umstrukturierungen das Klima. Das schürt häufig Ängste und Konkurrenzdenken. Alte Strukturen werden nicht nahtlos durch neue abgelöst, Übergangsphasen werden als chaotisch empfunden. Personalabbau und hohe Fluktuation kennzeichnen die Lage.
Alter des Unternehmens	*Sehr junge Unternehmen* gehen nach der hektischen, sehr arbeitsintensiven Gründungsphase häufig durch eine nicht minder intensive Wachstumsphase. Strukturen und Abläufe müssen sich erst noch herausbilden, vieles läuft ungeregelt, mancher Gründer löst sich nur langsam vom Hineinregieren in alle Bereiche. *Traditionsunternehmen* pflegen oft ein starkes Wir-Gefühl („Wir bei Daimler", „Wir Eisenbahner"). Langjährige Unternehmenszugehörigkeit vieler Mitarbeiter, Stabilität und feste Abläufe prägen das Bild –

	bis hin zur Erstarrung („Haben wir schon immer so gemacht!"). Machen Globalisierung und Wettbewerbsdruck Veränderungen erforderlich, reagieren altgediente Mitarbeiter eher mit Abwehr und Frustration. In Übergangszeiten sind regelrechte Lagerbildungen („die Alten" gegen „die Neuen") nicht selten.

Ein solches Unternehmensraster ist mehr als grob und kann Ihre Aufmerksamkeit für Ihre konkrete Umgebung allenfalls schärfen, nicht ersetzen.

Um das neue Unternehmen – die dort gelebten Werte und die Art und Weise der Zusammenarbeit – möglichst rasch zu verstehen, achten Sie darauf,

- wie die neuen Kollegen miteinander umgehen (freundlich, humorvoll, offen, förmlich, distanziert, kühl, barsch, Duz- oder Siezkultur),
- wie die Zusammenarbeit in der Praxis abläuft (Verlässlichkeit und gute Kooperation, Gleichgültigkeit und Dienst nach Vorschrift, Ellenbogenmentalität und Konkurrenzkampf),
- wie Mitteilungen der Unternehmensleitung formuliert sind (freundlich-verbindlich, als nüchterne Anweisungen oder sogar im Befehlston),
- welche Informationspolitik betrieben wird (gute Zugänglichkeit von Infos oder Geheimniskrämerei),

- wer vorwiegend in Führungspositionen sitzt (z.B. Kaufleute oder Techniker, dynamische Jungmanager oder ältere Kräfte) und welcher Führungsstil praktiziert wird (Einbeziehung der Mitarbeiter in Entscheidungen oder Verordnung von oben),
- welcher Kleidungsstil gepflegt wird (förmlich oder leger, stark reglementiert oder individuell),
- welche Atmosphäre Gebäude und Einrichtung vermitteln (hell, modern, freundlich, teuer, abgenutzt, dunkel, heruntergekommen).

In einer Firmenwelt, die durch Förmlichkeit und harten Wettbewerb geprägt ist, ecken Sie mit unbekümmerter Offenherzigkeit an; in einer unkonventionellen und partnerschaftlichen Umgebung durch kühle Distanz.

Dienstwege und Vorgehensweisen

Wer ist zuständig für x? Wie handhabt man y? Wer darf was entscheiden? – Drei Fragen, sich Ihnen in den ersten Wochen im neuen Job immer wieder stellen werden. Und so lästig Sie das finden mögen: Es ist klug, diese Fragen auch laut zu stellen und sich bei den Kollegen zu erkundigen.

! TIPP

Zuständigkeiten und Kompetenzen begrenzen das berufliche „Revier“ eines Mitarbeiters. Und auf Revierverletzungen reagiert man nicht nur im Tierreich äußerst empfindlich. Wenn Sie selbst etwas in die

Hand nehmen, für das eigentlich ein Kollege zuständig ist, wird der – je nach Charakter – beleidigt oder zornig sein.

Auch für Zuständigkeiten gilt: Schließen Sie nicht von Unternehmen A auf Unternehmen B. Um Büromaterial zu bekommen, konnten Sie bei A einfach in einen Lagerraum marschieren und das Entnommene in eine Liste eintragen. Bei B müssen Sie ein Formular ausfüllen, das vom Vorgesetzten abgezeichnet und von dessen Sekretärin an die Poststelle weitergeleitet wird, wo Mitarbeiter Schulze alles zusammenstellt, bevor der Bürobote Sie auf seiner nächsten Runde damit versorgt. Bis dahin sind etliche Arbeitstage ins Land gegangen, und Sie haben vermutlich erst einmal Radiergummi und Post-it von zu Hause mitgebracht.

Da haben wir ihn – den Dienstweg, den es zu respektieren gilt. Der Dienst*weg* ist keine Autobahn, sondern eher ein verschlungener Pfad, auf dem man nur in mäßigem Tempo vorankommt. Rascher vorwärts geht es auf dem „kleinen Dienstweg“. Um diese Abkürzung zu nehmen, muss man das Terrain allerdings gut kennen. Frühestens nach etlichen Monaten im neuen Job werden Sie wissen, wo Sie risikolos vorgezeichnete Wege umgehen können und wen Sie dazu ansprechen müssen.

Wie die Dinge in einem Unternehmen gehandhabt werden, folgt nicht immer den Gesetzen der Vernunft. Gewohnheit („Das haben wir schon immer so gemacht!“), Vorlieben von prägenden Einzelpersonen („Der Senior will das so!“) oder im Laufe der Zeit gewachsene Strukturen („Das macht bei uns die Buchhaltung!“) spielen eine ebenso große Rolle. Ums Fragen kommen Sie auch deshalb nicht herum, weil sich mit längerer Betriebszugehörigkeit fast zwangsläufig eine gewisse Betriebsblindheit einstellt: Alteingesessene Kollegen können schwer abschätzen, was für Sie unklar ist und was nicht.

! TIPP Halten Sie sich mit eiligen Verbesserungsvorschlägen zurück. Auch wenn Sie in der Sache Recht haben, werden sich die Betroffenen pikiert fragen, was der Neue „sich da herausnimmt“. Dinge ändern können Sie, wenn Sie die Lage besser überblicken und Ihren anfänglichen Außenseiterstatus verloren haben.

Heimliche Hierarchien und ungeschriebene Gesetze

Leider kann man nicht alles, was den Berufsalltag bestimmt, direkt erfragen oder in Akten, Merkblättern und Organigrammen nachlesen. In den meisten Unternehmen gibt es neben dem, was offiziell gesagt und laut gedacht wird, eine verborgene zweite Ebene. Diese betrifft zum einen die wirklichen Machtverhältnisse im Unternehmen (heimliche Hierarchien), zum anderen Spielregeln für das Verhalten (ungeschriebene Gesetze).

Die meisten Organigramme, die Funktionen, Über- und Unterstellungen im Unternehmen in geordnete Kästchen packen, erzählen nur die halbe Wahrheit. Die Bewohner zweier Nachbarkästchen können ganz unterschiedlichen Einfluss haben. Wie viel jemand wirklich im Unternehmen zu sagen hat, hängt von vielen Faktoren ab:

- vergangene Erfolge oder Misserfolge
- gute oder weniger gute Kontakte zu Entscheidungsträgern
- persönliche Durchsetzungskraft
- Status der jeweiligen Abteilung (Beispiel: vertriebslastige Unternehmen oder solche, in denen die Produktentwicklung ein sehr hohes Ansehen genießt)
- Zugang zu Geldtöpfen/Verfügen über Budgets
- Mitarbeiterzahl
- Insiderwissen oder wichtige Spezialkenntnisse
- Dauer der Betriebszugehörigkeit

TIPP

Äußere Hinweise auf Machtverhältnisse sind Statussymbole (Bürogröße, Dienstwagen usw.), räumliche Nähe zum Firmeninhaber, Beteiligung an wichtigen Sitzungen sowie respektvolles oder weniger respektvolles Verhalten Dritter der Person gegenüber.

Dass man es sich mit den Mächtigen möglichst nicht verderben sollte und dass man als Mitarbeiter eines mächtigen Chefs schneller vorankommt als in einer weniger angesehenen Abteilung, versteht sich von selbst.

Heimliche Spielregeln im Unternehmen reichen von eher kuriosen Details bis zu Verhaltensweisen, die über Ihren beruflichen Erfolg mitentscheiden. Es gibt Unternehmen, in denen der Chef (und nur er!!) mit grüner Tinte schreiben darf, solche, in denen Frau Direktor Müller-Lüdenscheidt der Parkplatz rechts neben dem Haupteingang zusteht (ohne dass ein Schild Unbefugte verscheuchen würde), usw. Da Hellsehen eine wenig verbreitete Eigenschaft ist, stapft man als Neueinsteiger unweigerlich in Fettnäpfe. Mit dem Umstieg auf einen blauen Kugelschreiber oder dem Umparken des Autos sind solche Schnitzer jedoch meist ausgebügelt.

Schwieriger wird es bei Verhaltensweisen, mit denen man im Joballtag immer wieder aneckt, ohne sich dessen bewusst zu sein. Dies betrifft häufig die Form der Kommunikation: Stimmen Kollegen verschiedener Abteilungen sich direkt miteinander ab, oder läuft das über die Vorgesetzten? Wird viel telefoniert oder zählt nur das, was schriftlich beim anderen ankommt? Werden Anfragen ernst genommen, oder lässt man vieles ins Leere laufen? Daneben kann ein bestimmtes Verhalten unerwünscht sein, ohne dass dies je offiziell verkündet wird. Das reicht vom Wegmobben aller Mitarbeiter, die sich Gedanken über die Gründung eines Betriebsrats machen, über die Reserviertheit Homosexuellen gegenüber bis zur Erwartung, das „Wir-Gefühl" im Unternehmen durch aktive Teilnahme an sportlichen Events (Fußballturnieren, Ruderwettbewerben) zu stärken. In wieder anderen Unternehmen muss man die „richtige" Konfession oder die „passende" Auslandserfahrung haben, um aufzusteigen.

TIPP

Je besser Ihr Kontakt zu Kollegen ist, desto eher wird Sie jemand in heimliche Hierarchien und ungeschriebene Gesetze einweihen. Bis dahin hilft nur, die Antennen auszufahren und aufmerksam zu registrieren, was ringsherum vorgeht.

Durch gute Arbeit überzeugen

Sie wollen Ihre Sache möglichst gut machen? Wunderbar, denn genau das erwartet Ihr neuer Arbeitgeber von Ihnen. Eine Schonfrist zu Beginn gewährt heute kaum ein Unternehmen: „Wichtig am Anfang ist, rasch zu verstehen: Was ist hier eigentlich meine Aufgabe? Nach 100 Tagen sollte man Arbeitsergebnisse vorweisen können", betont beispielsweise Dr. Heiko Konrad, Leiter Aus- und Fortbildung beim Hessischen Rundfunk. Auch wenn es bis zu einem Jahr dauern kann, bis ein neuer Mitarbeiter rundherum eingearbeitet ist, sucht man schon in den ersten Wochen nach Indizien, ob er es packen wird. Wie Sie diese Erwartung erfüllen, ist Thema des folgenden Kapitels.

Einarbeitung oder Wurf ins kalte Wasser?

Der neue Mitarbeiter soll möglichst rasch funktionieren, das erwarten die allermeisten Arbeitgeber. Leider bedeutet das keineswegs, dass man dem Neueinsteiger möglichst gute Einarbeitungsbedingungen bietet. Noch einmal Heiko Konrad: „Erwarten Sie nicht den perfekten Chef oder die perfekte Personalabteilung, die alles für Sie regelt. Nicht jeder Vorgesetzte macht sich vorher genug Gedanken, was der neue Mitarbeiter alles tun soll, und nicht jede Personalabteilung entwirft einen genauen Einarbeitungsplan für

Sie." Maren Lehky kehrt den Spieß um und erwartet von einem Neuen, „dass er sich aktiv um seine Einarbeitung kümmert, dass er selbstständig ist und nicht beschäftigt werden muss, dass er strukturiert und systematisch vorgeht".

Damit ist klar: Sie müssen die Sache selbst in die Hand nehmen. Hoffen Sie nicht auf viel beschäftigte Chefs oder überarbeitete Kollegen. Der Wurf ins kalte Wasser ist nicht selten – er wird von Personalfachleuten sogar zu den üblichen (wenn auch nicht empfehlenswerten) „Strategien" der Mitarbeitereinführung gezählt (Becker, *Personalentwicklung*, S. 292). Besser, Sie werden beim Jobeinstieg durch eine gute Einarbeitung positiv überrascht, als dass Sie das ganz normale Chaos kalt erwischt!

Keine Angst vor Fragen

„Sich aktiv um Ihre Einarbeitung kümmern" – wie stellen Sie das in der Praxis an? Ihre wichtigste Waffe ist das Fragen. Da Sie gar nicht wissen können, wie vieles im neuen Unternehmen gehandhabt wird, kommen Sie ums Fragen auch gar nicht herum.

! TIPP

Verabschieden Sie sich von der Angst, sich durch eine Frage zu blamieren. Blamabel wird es erst, wenn Sie nach acht Wochen etwas fragen, das Sie bis dahin mit allwissender Miene zur Kenntnis genommen haben. Volker Stern, erfahrene Führungskraft im Vorstand der Kasseler Bank, rät ausdrücklich: „Keine Scheu vor Fragen – egal, ob ich als Einsteiger jung oder gesettelt bin."

„Wo bekomme ich . . . (Zahlen zu x, Daten zu y, Büroklammern, eine Telefonliste)?" *„Wer ist zuständig für . . .* (Vergabe von Produktnummern, Buchen von Dienstreisen, den Kunden X, das Projekt Y)?" *„Wie funktioniert . . .* (die Ablage, die Datenbank, das Buchungssystem)?" *„Mit wem muss ich mich abstimmen, wenn . . .?" „Was muss ich beachten, wenn . . .?"* Die Liste möglicher Fragen ist lang. Hierher gehört alles, was Ihnen nützt, Ihre Aufgabe und die Abläufe im Unternehmen schneller zu verstehen.

! TIPP

Sammeln Sie offene Punkte und fragen Sie Kollegen, wann sie Zeit für ein Gespräch haben. Das kommt besser an, als ständig mit Einzelfragen zu nerven. Außerdem erfahren Sie in einem geplanten Gespräch oft mehr als zwischen Tür und Angel. Die meisten Menschen reden nämlich ganz gern über ihren Job!

Auch mit Ansprechpartnern anderer Abteilungen, mit denen Sie regelmäßig zusammenarbeiten, sind solche Infogespräche sehr nützlich. Organisieren Sie sich Gesprächstermine und gehen Sie gut vorbereitet – mit einer Fragenliste – zum Termin. Klären Sie einzelne Sachfragen, aber stellen Sie auch allgemeine, offene Fragen (z. B. *„Welchen Rat würden Sie mir für... geben?" „Worauf kommt es aus Ihrer Sicht bei... besonders an?"*) So erfahren Sie viel mehr, als wenn Sie nur Details abklären. Verlassen Sie sich bei der Fülle von Informationen, die gerade in den ersten Wochen auf Sie einströmt, lieber nicht auf Ihr Gedächtnis: Machen Sie sich Notizen.

Sich selbst einarbeiten – so klappt's

Die ersten Wochen im neuen Job empfinden viele Einsteiger als chaotisch. Man sitzt am neuen Arbeitsplatz und muss sehen, wie man klarkommt. Auch wenn die Kollegen sich Mühe geben und der Chef durchaus wohlwollend ist, nimmt Sie niemand tagtäglich an die Hand und führt Sie durch das Gestrüpp neuer Aufgaben und Zuständigkeiten. Dafür hat man im neuen Unternehmen in der Regel weder Zeit noch ein Konzept.

Machen Sie aus der Not eine Tugend und gehen Sie Ihre Einarbeitung selbst mit System an. Beobachten Sie aufmerksam, was vorgeht, organisieren Sie sich Infos, notieren Sie Unklarheiten – kurz: Werden Sie aktiv! Hilfestellung für Ihre „Selbst-Einarbeitung" gibt die folgende Übersicht.

Die neue Aufgabe verstehen
Wie Sie sich gezielt einarbeiten

1. Was genau ist Ihre Aufgabe?
- Stellenbeschreibung
- Arbeitsvertrag
- Hinweise im Vorstellungsgespräch
- Hinweise des Vorgesetzten und der direkten Kollegen in den ersten Arbeitstagen

Ist Ihnen klar, welche Arbeiten Sie erledigen sollen und welche Ergebnisse man von Ihnen erwartet? Wenn Ihre Informationen nicht ausreichen, notieren Sie offene Fragen und sprechen Sie Ihren Chef an.

2. Mit wem arbeiten Sie zusammen?
- in Ihrer Abteilung
- in anderen Abteilungen
- außerhalb des Unternehmens (Lieferanten, Kunden)

Kennen Sie wichtige Zuständigkeiten? Wissen Sie, mit wem Sie sich zu welchen Terminen/Anlässen abstimmen müssen? Wenn Ihnen Abläufe unklar sind, vereinbaren Sie Infogespräche mit den Betroffenen.

3. Was fehlt Ihnen, um Ihre Arbeit gut zu tun?
- Informationen (über Abläufe, aktuelle Projekte, Zuständigkeiten)
- Know-how/Fachkenntnisse (im Bereich Technik, EDV, Arbeitsinhalte, Methoden)
- Arbeitsmaterial (vom Büromaterial bis zum Werkzeug)

Holen Sie Infos gezielt ein. Bitten Sie kundige Kollegen, Ihnen beim Schließen von Kenntnislücken zu helfen. Vielleicht gibt es Unterlagen im Unternehmen, die Ihnen weiterhelfen, oder Sie können einem Kollegen über die Schulter schauen. Erkundigen Sie sich, wo Sie das nötige Arbeitsmaterial bekommen.

4. Was steht als Erstes an?

- Welche laufenden Aufgaben müssen ständig erledigt werden?
- Welche Aufgaben sind termingebunden und müssen daher bis zu einem bestimmten Zeitpunkt erfüllt sein?
- Welche Aufgaben hält Ihr Vorgesetzter für vorrangig/dringlich?

Insbesondere die letzte Frage ist wichtig. Was erwartet Ihr Chef bis wann von Ihnen (siehe auch Feedbackgespräche, Seite 69 ff.)? Wenn Ihre Stelle neu geschaffen wurde, besteht hier besonders häufig Klärungsbedarf, denn Sie können nicht einfach in die Fußstapfen Ihres Vorgängers treten. Besprechen Sie anstehende Arbeitsaufgaben regelmäßig, damit Sie am richtigen Strang ziehen.

Engagement zeigen

Wie wichtig ist Ihnen Ihr Job? Arbeiten Sie, um zu leben, oder leben Sie, um zu arbeiten? Für manche ist der Beruf Lebensinhalt, für andere eher notwendiges Übel. Und viele stehen zwischen den Extremen und hadern ständig mit der Balance zwischen Job und Privatleben. Arbeitgeber sind in diesem Punkt simpler gestrickt: Sie wünschen sich Mitarbeiter, die mitziehen, und erwarten dafür schon in den ersten Wochen deutliche Hinweise: „Ein Neueinsteiger sollte echtes Interesse zeigen, am liebsten Begeisterung für die Aufgabe, und die Chancen erkennen, die sich ihm bieten. Wenn jemand schon zu Beginn bei seiner Arbeit den Eindruck vermittelt, das sei nur der Job, mit dem er halt Geld verdienen müsse, wird man sich im Zweifelsfall schnell wieder von ihm trennen", warnt Thomas Klappauf, Personalleiter im Herz- und Diabeteszentrum Bad Oeynhausen.

Die Botschaft ist unmissverständlich: Der oder die Neue soll sich erkennbar ins Zeug legen. Das erwartete Engagement belegen Sie auf unterschiedliche Weise:

1. durch Interesse für Ihre Aufgaben,
   ... also dadurch, dass Sie aktiv werden, Fragen stellen, Einweisungen aufmerksam verfolgen, sich Infogespräche organisieren;
2. durch angemessenen zeitlichen Einsatz,
   ... also dadurch, dass sich Ihre Arbeitzeit eher im oberen Durchschnitt der Abteilung bewegt;
3. durch eine positive Einstellung zu neuen Herausforderungen,
   ... also dadurch, dass Sie Neues beherzt angehen und nicht öffentlich darüber klagen, wie viel auf Sie einströmt.

TIPP

Strahlen Sie Optimismus aus, auch wenn Sie dafür manchmal ein bisschen schauspielern müssen. Fast jeder erlebt in den ersten Wochen im neuen Job Momente, in denen er denkt: „Ich pack das nicht!" – das ist normal und verständlich. Klagen Sie trotzdem lieber Ihrem Partner oder der besten Freundin Ihr Leid, als am Arbeitsplatz zu jammern. So kommt niemand auf die Idee, Ihr momentanes Stimmungstief als wirkliche Überforderung zu deuten.

Wissen, wo man steht (Feedback-Gespräche)

Gehen Sie die Arbeit richtig an? Sind Sie zu langsam, zu gründlich? Oder ist Ihr Chef im Gegenteil angetan, wie schnell Sie sich in die neuen Aufgaben einfinden? Wünscht er sich mehr Eigeninitiative von Ihnen – oder eher mehr Zurückhaltung? Da jedes Unternehmen und jeder Chef anders funktionieren, werden sich Ihnen solche Fragen unweigerlich stellen. Das beste Mittel gegen diese Unsicherheit ist regelmäßige Rückmeldung durch den Vorgesetzten. Ehrliches Feedback verhindert, dass Sie in die falsche Richtung laufen, sich beispielsweise verzetteln oder Aufgaben ungeschickt angehen. Personalfachleute wie das Autorenduo Wimmer/Edler empfehlen daher wöchentliche Gespräche mit dem Vorgesetzten (*Erfolgreich durch die Probezeit*, S. 94).

Die Praxis sieht leider oft anders aus: Hektik, Zeitdruck und manchmal auch mangelnde Führungskompetenz verhindern systematische Rückmeldung. In diesem Fall ergreifen

Sie am besten selbst die Initiative und bitten Ihren Chef um ein Gespräch. Lassen Sie sich nicht zwischen Tür und Angel abfertigen, vereinbaren Sie lieber einen Termin. Mindestens eine halbe Stunde Zeit wird erforderlich sein, und gegen Ende der zweiten Arbeitswoche sollten Sie aktiv werden, wenn Ihr Vorgesetzter bis dahin nicht auf Sie zugekommen ist. Das folgende Arbeitsblatt erleichtert Ihre Vorbereitung.

Feedback-Gespräch mit dem Vorgesetzten **Vorbereitung**	
1. Ziele festhalten	– Welche Ergebnisse erwartet Ihr Vorgesetzter von Ihnen (in den nächsten Wochen/ Monaten/bis zum Ende der Probezeit)? – Welche Projekte haben Vorrang? – Worauf legt Ihr Chef sonst noch besonderen Wert?
2. Offene Fragen klären	– Notieren Sie konkrete Fragen zu einzelnen Aufgaben, Zuständigkeiten, Arbeitsinhalten und stellen Sie sie! – Sprechen Sie Schwierigkeiten und Unklarheiten an. – Erläutern Sie, was Sie noch brauchen, um Ihre Aufgaben gut zu erledigen (Arbeitsmaterial, EDV, Informationen ...).

3. Allgemeine Rückmeldung einfordern	Bitten Sie Ihren Vorgesetzten um eine allgemeine Einschätzung – zu Ihrem Arbeitsverhalten – zu Ihrem Auftreten – zu Aspekten, die Sie noch verbessern könnten und – solchen, die er positiv sieht.

TIPP

Hören Sie Ihrem Vorgesetzten aufmerksam zu – auch wenn er kritische Punkte anspricht. Gehen Sie nicht reflexhaft zur Selbstverteidigung über. Schuldzuweisungen nach dem Muster „Das liegt alles nur daran, dass ich keine Infos bekomme!" gehen nach hinten los und schüren die Sorgen, Sie seien unbelehrbar. Überlegen Sie lieber gemeinsam mit Ihrem Chef, wie sich das Problem in Zukunft vermeiden lässt.

In der Praxis gibt es nur wenige Vorgesetzte, die „konstruktiv" (präzise, gut begründet) kritisieren oder loben können. Mancher hält Lob für überflüssig („Solange ich nichts sage, ist alles in Ordnung!"), andere scheuen Kritik, schweigen und präsentieren erst zum Schluss eine dicke Rechnung. Das verhindern Sie am ehesten, indem Sie selbst das Gespräch suchen. Winkt Ihr Chef ab („Läuft doch prima!"), wissen Sie zumindest, dass Sie auf dem richtigen Weg sind.

Erste Hilfe bei Einstiegsproblemen

Wer eine neue Stelle antritt, tut das meist voller Hoffnung und positiver Erwartungen. Endlich hat es geklappt mit der Bewerbung! Endlich ist der Wechsel gelungen! Endlich kann man Schule, Ausbildung oder den bisherigen Arbeitgeber hinter sich lassen! Skepsis mischt sich in die Vorfreude häufig erst, wenn der erste Arbeitstag im neuen Job näher rückt. Hoffentlich geht alles glatt! Dabei wissen wir alle eigentlich doch: Das tut es im Leben selten. Pannen passieren nun mal – entscheidend ist nur, dass man damit umgehen kann.

Einstiegsblues: So hatten Sie sich das nicht vorgestellt

Während der „Babyblues" frisch gebackener Mütter allgemein anerkannt ist, wird über den typischen Einstiegsblues beim Jobeinstieg selten gesprochen. Dabei macht fast jeder am neuen Arbeitsplatz diese Phase der Niedergeschlagenheit durch. Oft stellt sich das Gefühl starker Enttäuschung schon nach wenigen Tagen ein. Woran liegt's?

- Auch Arbeitgeber zeigen im Vorstellungsgespräch gern ihre Schokoladenseite. Dass Ihr Chef ein Chaot oder die IT veraltet ist, die Geschäftszahlen schlecht und die Kollegen schwierig sind, bindet man Ihnen dort tunlichst nicht auf die Nase.

- Entgegen allen Beteuerungen findet eine systematische Einarbeitung oft nicht statt. Sie müssen hinter jeder Info herlaufen und fühlen sich mit Ihren Anfangsschwierigkeiten allein gelassen.
- Im bisherigen Unternehmen zählten Sie zu den alten Hasen: Sie wussten, wie der Laden läuft. Plötzlich kommen Sie sich wieder vor wie ein Azubi: Alles ist neu und anders. Dieser Rollenwechsel fällt kaum jemandem leicht.
- Viele Menschen tun sich in der Praxis schwer mit Veränderungen und Unsicherheiten, und beim Antritt einer neuen Stelle kommt beides zusammen.
- Viele Menschen verkennen, wie stark sie durch ihr bisheriges Unternehmen geprägt wurden. Vor allem der erste Job, der einem „die" Berufswelt erschließt, beeinflusst Erwartungen, Gewohnheiten und Verhaltensweisen im Beruf sehr stark. Was man dort erlebt hat, hält man für den Regelfall. Die Erfahrung, dass es anderswo ganz anders zugeht, ist für viele ein Schock.

All dies zu wissen, verhindert den Einstiegsblues vielleicht nicht, erleichtert Ihnen aber den Umgang damit. Sie sind nicht der Einzige, dem das passiert – was Sie durchmachen, ist ganz typisch für den Neuanfang.

! TIPP

Seien Sie nicht zu streng mit sich – Rom wurde schließlich auch nicht an einem Tag erbaut. Lassen Sie sich nicht völlig von Ihren Problemen auffressen, suchen Sie sich Entlastung außerhalb des Jobs. Dazu gehört jemand, mit dem Sie sich aussprechen können; dazu gehören aber auch Sport und Spaß.

Stress pur: Arbeitsüberlastung

Auf Ihrem Schreibtisch türmt sich die Arbeit, die Liste der unbeantworteten Kundenanfragen wird immer länger, Ihr Chef hat schon nachgefragt, wann xy denn fertig sei, und es wird jeden Abend später? Sie wissen kaum noch, wie Sie alles schaffen sollen? Gerade in den ersten Wochen ist der Arbeitsdruck oft hoch. Bei näherer Betrachtung ist das nicht verwunderlich, denn für viele Aufgaben, die Ihnen schon in ein paar Monaten ganz leicht und schnell von der Hand gehen werden, brauchen Sie zu Beginn viel mehr Zeit. Und wenn Sie nicht gerade in einem Umfeld arbeiten, in dem jeder peinlich genau auf einen pünktlichen Feierabend achtet, erwartet man von Ihnen durchaus Überstunden (siehe Engagement, Seite 67 ff.). Ist es damit nicht mehr getan, und Sie beschleicht allmählich das Gefühl, alles wachse Ihnen über den Kopf, versuchen Sie es mit folgenden Rezepten aus dem Zeitmanagement:

5 Tipps zum Zeitmanagement
1. **Schaffen Sie Ordnung:** Sortieren Sie Unterlagen und Notizen. Das mag Sie eine halbe Stunde kosten, aber mit ständigem Suchen verbringen Sie viel mehr Zeit.
2. **Verschaffen Sie sich einen Überblick:** Tragen Sie wichtige Termine und Abgabedaten in einen Kalender ein.
3. **Setzen Sie Prioritäten:** Ordnen Sie Ihre Aufgaben nach Wichtigkeit. Was muss auf jeden Fall erledigt werden – etwa, weil Ihr Chef das betont hat, weil sonst andere Termine platzen, weil andernfalls ein wichtiger Kunde verärgert würde? Wenn Sie unsicher sind, was ganz oben auf Ihre Liste gehört, fragen Sie einen erfahrenen Kollegen um Rat.
4. **Bündeln Sie ähnliche Aufgaben:** Statt hektisch von einer Sache zur anderen zu springen, arbeiten Sie Zusammengehöriges in einem Rutsch ab.
5. **Nutzen Sie störungsfreie Zeiten**, z. B. den frühen Morgen oder Spätnachmittag, um Wichtiges zu erledigen.

Hilft Ihnen all das nicht weiter, schildern Sie Ihrem Chef das Dilemma. Möglicherweise hat er gar nicht im Blick, was zurzeit alles auf Sie einströmt. Beschränken Sie sich dabei nicht aufs Jammern, sondern machen Sie einen Vorschlag, welche Unterstützung oder Entlastung Ihnen die zügige Einarbeitung erleichern würde.

Panne: Fehler passiert

„Nur wer nichts macht, macht auch keine Fehler" – diesen Spruch kennen Sie vermutlich. Und wer einen neuen Job antritt, hat viele Gelegenheiten, Fehler zu machen. Man betritt Neuland und stolpert mit Sicherheit in den einen oder anderen Fettnapf. Solche Patzer wird man Ihnen normalerweise nachsehen. Woher sollen Sie beispielsweise wissen, dass Kollege A mit einer Lehrerin verheiratet ist und daher keine Lehrerwitze mag oder dass Abteilungsleiter B seit jeher bei Anschaffung von Computern das letzte Wort hat und sich übergangen fühlt, weil Sie ihn nicht angesprochen haben? Mit einer knappen Entschuldigung sind solche Dinge aus der Welt.

Heikler wird es, wenn Ihnen fachliche Pannen unterlaufen. Sie haben eine wichtige Bestellung verschlampt, eine teure Maschine beschädigt, bei einer Antragsbearbeitung einen Fehler gemacht? Da hilft nur die Flucht nach vorn: Beichten Sie die Angelegenheit Ihrem Vorgesetzten, bevor er sie von Dritten gesteckt bekommt. Vermeiden Sie Ausflüchte und Schuldzuweisungen („Das hätte mir die Frau Müller aber auch sagen müssen!"), damit machen Sie es nur schlimmer. Mit echter Zerknirschung und einem schnörkellosen „Es tut mir Leid" haben Sie die Sympathien schneller wieder auf Ihrer Seite. Wenn möglich, machen Sie einen konkreten Vorschlag zur Schadensbegrenzung. Und beherzigen Sie eine andere Spruchweisheit: „Jeder Mensch macht Fehler. Aber nur Dummköpfe begehen denselben Fehler zweimal."

Spießrutenlauf: Die Kollegen mauern

So richtig warm werden Sie mit Ihren neuen Kollegen nicht. Man ist höflich, aber nicht mehr. Oder schlimmer: Sie haben das Gefühl, man schließt Sie aus. In die Kantine geht man lieber ohne Sie, und vom Geburtstagsumtrunk nach Feierabend erfahren Sie nur zufällig. Ganz schlimm: Ihre neuen Kollegen sind offen feindselig, machen gehässige Bemerkungen. Auf Hilfestellung oder Unterstützung bei der Einarbeitung hoffen Sie vergeblich.

Da Ihr Erfolg am neuen Arbeitsplatz damit steht und fällt, ob Sie sich in den Kollegenkreis einfügen, sind das ernste Warnsignale. Was tun? Zum Chef gehen, sich beschweren? Riskant, denn möglicherweise stehen Sie damit als Unruhestifter oder Petzliese da. Forschen Sie lieber nach den Ursachen:

- Haben Sie Ihre Kollegen – gewollt oder ungewollt – vor den Kopf gestoßen? Etwa durch voreilige Verbesserungsvorschläge, schlaue Kommentare oder eher kühles Auftreten? Denken Sie daran, dass man vom „Neuen" die Bereitschaft zur Anpassung erwartet.
- Verstehen Sie nicht so recht, wie das neue Unternehmen tickt? Hadern Sie mit Arbeitstempo, Umgangsformen und Auftreten, Spielregeln der Zusammenarbeit? Vielleicht müssen Sie sich noch mit der neuen Unternehmenskultur anfreunden.
- Gibt es sachliche Gründe für ein eher angespanntes Klima – z.B. schlechte Geschäftszahlen, hoher Konkurrenz-

druck, unklare Kompetenzen, unfähige Vorgesetzte? Möglicherweise lässt man an Ihnen Frust und Unzufriedenheit aus.

- Sind alle Kollegen gleichermaßen ablehnend, oder gibt es „Rädelsführer"? Vielleicht hatte jemand selbst auf Ihren Job gehofft und macht nun Stimmung gegen Sie.

Wenn Sie in der Rückschau eigene Verhaltensweisen bedauern, gehen Sie mit einer Entschuldigung auf die Betroffenen zu. Ein beherztes „Es tut mir Leid" kann die Fronten aufweichen. Unterstreichen Sie, dass Sie gern dazugehören möchten („Ich würde mich beim Mittagessen gern anschließen."). Liegen die Gründe eher in Ihrem Umfeld, lässt man beispielsweise den allgemeinen Frust an Ihnen aus, sollten Sie ebenfalls auf Ihre Kollegen zugehen. „Von selbst" verbessern sich die Dinge nur selten.

! TIPP

Suchen Sie das Gespräch mit dem Kollegen, der am ehesten zugänglich wirkt. Vermeiden Sie Vorwürfe und Anklagen, sprechen Sie lieber von sich: Sie haben den Eindruck, keinen wirklichen Draht zu den Kollegen zu bekommen. Haben Sie sie irgendwie verärgert? Wenn ja, möchten Sie das bereinigen.

Ein solcher „Hilferuf" ist aussichtsreicher als Beschuldigungen, die meist nur Gegenvorwürfe oder ein generelles Abstreiten auslösen. Entschiedenere Töne sollten Sie anschlagen, wenn Sie den Eindruck haben, ein Einzelner hetzt die anderen gegen Sie auf. Fragen Sie den Rädelsführer, was los ist und womit Sie ihn verärgert haben, machen Sie aber auch deutlich, dass Sie sich Verleumdungen und persönliche Angriffe nicht bieten lassen.

TIPP

Seien Sie vorsichtig mit dem Vorwurf, Sie würden „gemobbt". Ist das Wort erst mal in der Welt, können Sie kaum noch zurück. Und gerade wenn es sich wirklich um Mobbing handelt (also um die bösartige, systematische, andauernde Ausgrenzung eines Einzelnen durch eine Gruppe), wird man das kaum zugeben. Suchen Sie Hilfe in unabhängigen Beratungsstellen (Adressen z. B. unter *www.dgb.de*, Link: Themen > Mobbing > Kontakte). Und wechseln Sie lieber den Job, bevor Ihre Gesundheit Schaden nimmt.

Warnschuss: Man ist unzufrieden mit Ihnen

„Herr Meier, so geht das nicht!" In der Probezeit bedeutet ein solcher Vorwurf Alarmstufe Rot, denn für eine Kündigung braucht Ihr Chef nicht einmal einen Grund (siehe Seite 85 ff.). Das Positive: Wenn Ihr Vorgesetzter kritische Punkte offen anspricht, gibt er Ihnen gleichzeitig die Chance, Ihr Verhalten zu korrigieren. Und das sollten Sie tun, wenn Sie Ihren Job nicht aufs Spiel setzen wollen. Personalverantwortliche sind sich da einig: „Einem Auszubildenden mussten wir schon nach einer Woche kündigen, weil er ständig zu spät kam und auch nicht zur Berufsschule erschien. Weil Gespräche nichts nützen, blieb nur die Trennung", berichtet Dr. Heiko Konrad vom Hessischen Rundfunk. Gudrun Spangenberg von der Viessmann GmbH gibt ein anderes Beispiel: „Kürzlich mussten wir einem neuen Mitarbeiter im Marketing kündigen, der alles besser wusste und auf jede Entgegnung mit einem ‚Ja, aber' reagierte." Mit Uneinsichtigkeit oder Rechthaberei tun Sie sich also keinen Gefallen.

Damit Kritik Ihnen etwas nützt, muss sie allerdings präzise formuliert sein. Pauschalvorwürfe („Sie müssen das anders angehen!") helfen Ihnen nicht weiter. Fragen Sie nach, was genau Ihren Vorgesetzten stört und welche Vorgehensweise er stattdessen erwartet. Hören Sie aufmerksam zu; zeigen Sie, dass Sie die Kritik sehr ernst nehmen. Und auch, wenn wir alle dazu neigen, bei Kritik sofort in Verteidigungsstellung zu gehen – zählen Sie im Geiste lieber bis zehn, statt zum Gegenschlag auszuholen. Mit einem reflexhaften „Ja, aber" bestärken Sie Ihren Chef nur in der Sorge, Sie wollten oder könnten Ihr Verhalten nicht ändern.

! TIPP

Tun Sie wohlmeinende Ratschläge von Kollegen nicht einfach ab. Kollegen bekommen oft rascher mit, wo es hakt, als der Chef drei Türen weiter. Wittern Sie nicht gleich Böswilligkeit, wahrscheinlicher ist, dass Ihnen jemand helfen will.

Fluchtgedanken: Falscher Job, falsche Firma?

Phasen der Enttäuschung und des Frustes macht fast jeder beim Jobeinstieg durch (siehe Seite 72 ff. zum „Einstiegsblues“). Bei Ihnen setzt sich jedoch hartnäckig das Gefühl fest, auf dem falschen Planeten gelandet zu sein. Sollen Sie selbst das Handtuch werfen? Oder wäre das bei der derzeitigen Arbeitslosigkeit tollkühn? Wie kommt ein solcher Schritt bei der folgenden Arbeitssuche an?

Zunächst die nüchternen Zahlen. Personalfachleute schätzen, dass etwa jedes dritte Arbeitsverhältnis während der Probezeit endet (z. B. Wimmer/Edler, *Erfolgreich durch die Probezeit*, S. 60). Thomas Rothe vom Institut für Arbeitsmarkt und Berufsforschung hat die Beschäftigtenstatistik des Jahres 2000 unter diesem Gesichtspunkt ausgewertet. Das Ergebnis: 34 % aller neuen sozialversicherungspflichtigen Beschäftigungsverhältnisse endeten tatsächlich innerhalb des ersten halben Jahres, also vor Greifen des gesetzlichen Kündigungsschutzes (siehe Seite 84 f.). Bei den Frauen waren es etwas weniger (31,4 %), bei den Männern etwas mehr (36,5 %). Günstiger sieht es mit einer Trennungsquote von 13,5 % bei den Auszubildenden aus. Eine Kündigung innerhalb der Probezeit, sei es von Arbeitgeberseite, sei es durch den Arbeitnehmer, ist also keine seltene Ausnahme, sondern Alltag.

Für Sie bedeutet das: Natürlich werden Sie bei der Jobsuche erklären müssen, warum Sie bereits nach wenigen Monaten das Handtuch geworfen haben. Sie sind aber kein exotischer Einzelfall, dem man von vornherein mit großem Misstrauen begegnet. Erfahrene Personaler wissen, dass es auch auf Firmenseite eine Reihe von Ursachen für rasche Trennungen gibt: unüberlegte Einstellungspraxis, plötzlicher Auftragsrückgang, geänderte Unternehmensstrategie, Kürzungbeschlüsse in der Zentrale, zwischenmenschliche Konflikte.

! TIPP

Vermeiden Sie Schuldzuweisungen und langatmige Rechtfertigungen, wenn Sie Ihren Ausstieg erklären. Auch wenn in Ihren Augen der Arbeitgeber die Verantwortung trägt, sollten Sie eine sachlich-neutrale Begründung geben. „Mein Aufgabenbereich hat sich wegen interner Umstrukturierungen anders entwickelt als ursprünglich vorgesehen", hört ein Vorgesetzter in spe lieber als Gejammer über den letzten Chef. Wer weiß, was Sie dann einmal über ihn zu jammern haben? Außerdem kann ein Dritter nicht nachprüfen, ob Ihre Klagen berechtigt sind. Im Zweifelsfall ergreifen Chefs daher instinktiv Partei für die Chefseite.

Ob Sie tatsächlich kündigen sollten, können nur Sie entscheiden. Ihre finanzielle Situation, Ihr Sicherheitsbedürfnis, die Arbeitsmarktlage in Ihrer Branche werden eine Rolle spielen. Wenn Ihre Gesundheit dauerhaft leidet, weil Sie mit Ihrem Job sehr unglücklich sind, ist das ein ernstes Warnsignal. Um sich wirklich ein Urteil bilden zu können, sollten

Sie vier bis sechs Wochen aushalten, in anspruchsvollen Jobs eher länger. Gehen Sie nicht, ohne dass Sie versucht haben, Ihre Situation zu ändern. Was haben Sie zu verlieren? Statt sang- und klanglos Ihren Stuhl zu räumen, versuchen Sie erst einmal, bessere Arbeitsbedingungen durchzusetzen. Weiß Ihr Chef, was Sie belastet? Und wenn der Chef selber das Problem ist: Wie sicher ist denn, dass er Ihr Chef bleibt? Mag sein, dass sein Stuhl längst wackelt, weil sich seine Unfähigkeit im Unternehmen herumgesprochen hat.

Kündigen Sie nicht im Affekt, überschlafen Sie Ihre Entscheidung. Sind Sie dann immer noch der Meinung, dass Sie diesen Aufgaben nie etwas abgewinnen werden, dass Sie mit diesem Chef niemals klarkommen oder dass das Klima im Unternehmen einfach furchtbar ist, ziehen Sie die Konsequenzen. Das Ende dieses Jobs ist nicht das Ende Ihrer Berufslaufbahn! Das gilt im Übrigen auch für den häufigeren Fall der Probezeit-Kündigung durch den Arbeitgeber. Ziehen Sie sich in der Bewerbung möglichst auf neutrale Gründe zurück (schlechte Auftragslage, Umstrukturierung, unvorhersehbare Änderung der Arbeitsaufgaben). Und betreiben Sie Ursachenforschung, bevor Sie sich in den nächsten Job stürzen: Woran hat es gelegen? Hätten Sie das vorhersehen können?

Anhang: Ihre Rechte in der Probezeit

Wie lange darf die Probezeit dauern?

Die Vereinbarung einer Probezeit ist kein Muss, Ihr Arbeitgeber kann auch ganz darauf verzichten. Üblich ist jedoch eine Probezeit von ein bis drei Monaten bei einfacheren Tätigkeiten; bei höherer Qualifikation sind sechs Monate die Regel. Gesetzlich vorgeschrieben ist eine Probezeit nur für Auszubildende: Das Berufsbildungsgesetz sieht hier mindestens einen und höchstens drei Monate vor.

Eine Probezeit von mehr als sechs Monaten kommt sehr selten und nur bei extrem anspruchsvollen Tätigkeiten vor (zum Beispiel in der Forschung). Das hängt auch damit zusammen, dass jeder Arbeitnehmer nach sechs Monaten im Unternehmen automatisch den gesetzlichen Kündigungsschutz genießt. Dann kann ihm nur noch aus besonderen Gründen gekündigt werden, beispielsweise betriebsbedingt bei Rationalisierungen oder Betriebsstilllegungen oder verhaltensbedingt bei wiederholtem Fehlverhalten und vorheriger Abmahnung. Vom Kündigungsschutz befreit sind Kleinbetriebe mit bis zu zehn Mitarbeitern.

Verwechseln Sie nicht Kündigungsschutz und Probezeit. Gesetzlichen Kündigungsschutz haben Sie erst nach sechs Monaten im Unternehmen, auch wenn Ihre Probezeit kürzer ist.

! TIPP

Rechtlich gesehen hat die vereinbarte Probephase vor allem eine Auswirkung: In dieser Zeit gilt für beide Seiten eine verkürzte Kündigungsfrist von zwei Wochen, wenn Ihr Arbeitsvertrag oder ein für Sie gültiger Tarifvertrag nichts anderes vorsieht. Diese Bestimmung greift bis zum letzten Tag der Probezeit: Endet diese beispielsweise am 31.03., kann Ihr Chef Ihnen noch am letzten Märztag mit 14-tägiger Wirkung kündigen. Für Azubis ist die Frist noch kürzer: Hier kann von heute auf morgen gekündigt werden. Alle Kündigungen müssen schriftlich ausgesprochen werden. Die Verlängerung einer kürzeren Probezeit auf bis zu sechs Monate ist bei „mangelnder Bewährung“ des Arbeitnehmers möglich.

Wie leicht kann Ihr Chef Sie loswerden?

Bevor der gesetzliche Kündigungsschutz nach sechs Monaten Betriebszugehörigkeit greift, kann der Arbeitgeber einem Mitarbeiter ohne Angabe von Gründen kündigen. Eine Kündigung in der Probezeit muss Ihr Vorgesetzter also nicht erläutern oder rechtfertigen. Das gilt auch dann, wenn Sie sich ungerecht behandelt fühlen und sogar Recht damit haben: So hat das Arbeitsgericht Frankfurt 1999 in einem Urteil festgehalten, Mobbing durch den Chef hebe eine Probezeitkündigung nicht auf. Dasselbe gilt für eine Erkrankung in der Probezeit: Auch sie „schützt" nicht vor einer Kündigung.

Ob Ihr Vorgesetzter überhaupt eine Kündigung aussprechen muss oder ob das Arbeitsverhältnis automatisch ausläuft, hängt davon ab, was in Ihrem Arbeitsvertrag steht: Haben Sie ein befristetes Probearbeitsverhältnis oder eine Probezeit innerhalb eines unbefristeten Arbeitsvertrages vereinbart? Die Unterschiede auf einen Blick:

Befristetes Probearbeitsverhältnis	**Unbefristetes Arbeitsverhältnis mit Probezeit**
Mögliche Formulierung im Arbeitsvertrag:	
„Für die Dauer der Probezeit wird das Arbeitsverhältnis befristet" *oder* „Das Arbeitsverhältnis wird zunächst als Probearbeitsverhältnis vereinbart. Es beginnt am ... und endet am ..., ohne dass es einer besonderen Kündigung bedarf."	„Die ersten ... Monate des Arbeitsverhältnisses gelten als Probezeit, während der das Arbeitsverhältnis mit einer Frist von zwei Wochen gekündigt werden kann."

Für das Ende der Probezeit heißt das:	
Das Arbeitsverhältnis endet automatisch bei Ablauf der Frist. Wenn Ihr Chef Sie behalten will, muss er dies extra vereinbaren.	Das Arbeitsverhältnis wird automatisch fortgesetzt, wenn Ihr Chef es nicht kündigt.
Für eine Kündigung während der Probezeit bedeutet das:	
Während des befristeten Arbeitsverhältnisses kann Ihnen Ihr Chef nicht kündigen. Ausnahme: Er hat dies ausdrücklich in den Arbeitsvertrag aufgenommen.	Während der Probezeit gilt eine Kündigungsfrist von zwei Wochen. Ausnahme: Ihr Arbeitsvertrag oder ein Tarifvertrag sieht andere Fristen vor.

Beim befristeten Probearbeitsverhältnis muss ein Vorgesetzter also aktiv werden, wenn er den Mitarbeiter *behalten* will; bei einer vorgeschalteten Probezeit muss er sich rühren, wenn er ihn *loswerden* will. Natürlich ist die zweite Variante für den Arbeitnehmer günstiger. Handeln Sie deshalb möglichst einen Vertrag aus, in dem „die ersten Monate der Beschäftigung als Probezeit gelten"!

TIPP Ein befristetes Arbeitsverhältnis geht automatisch in eine unbefristete Anstellung über, wenn Sie über das Fristende hinaus mit Wissen des Arbeitgebers weiterarbeiten. Wecken Sie also nicht schlafende Hunde, indem Sie gegen Ende der Probezeit lautstark eine Entscheidung einfordern. Scheint Ihre Übernahme ungewiss, ist es klüger zu schweigen.

Endet die Beschäftigung mit Auslaufen des befristeten Vertrages, muss der Arbeitgeber den Betriebsrat nicht einschalten. Bei einer Probezeitkündigung hingegen ist der Betriebsrat anzuhören. Der Arbeitgeber braucht dem Betriebsrat seine Gründe allerdings nicht zu nennen und verhindern kann die Arbeitnehmervertretung die Kündigung auch nicht.

Urlaub, Krankheit, Schwangerschaft

Können Sie während der Probezeit Urlaub nehmen? Das Bundesurlaubsgesetz ist eindeutig: Einen Anspruch auf Urlaub haben Sie erst nach sechsmonatiger Betriebszugehörigkeit. Während der ersten sechs Monate, und damit auch während der Probezeit, sind Sie auf das Entgegenkommen Ihres Arbeitgebers angewiesen. Mancher Chef ist jedoch froh, wenn Sie nicht zu viel Urlaub ansammeln. Besteht das Arbeitsverhältnis ein halbes Jahr, haben Sie den vollen Urlaubsanspruch. Wenn Sie Ihren Job z. B. am 1. Februar angetreten haben, könnten Sie daher ab 1. August den ganzen Jahresurlaub nehmen. Scheiden Sie vorher aus dem Unternehmen aus, steht Ihnen für jeden vollen Monat anteilig Urlaub zu.

Wenn Sie während der Probezeit länger krank sind, kann diese um die Dauer der Krankheit verlängert werden. Nach sechs Monaten Betriebszugehörigkeit greift jedoch der normale Kündigungsschutz. Bei einem befristeten Probearbeitsverhältnis ist eine Verlängerung der Befristung möglich. Arbeitsrechtler halten eine Ausdehnung der Befristung für gerechtfertigt, wenn der Mitarbeiter mehr als 30 % der Probezeit gefehlt hat (Schaub/Rühle, *Guter Rat im Arbeitsrecht*, S. 216). Ein Anspruch auf Lohnfortzahlung im Krankheitsfall besteht ab vierwöchiger ununterbrochener Dauer des Arbeitsverhältnisses.

Auch bei einer Schwangerschaft kommt es darauf an, ob ein befristetes Probearbeitsverhältnis besteht oder eine Probezeit im Rahmen eines unbefristeten Vertrages. Im ersten Fall genießt die Mitarbeiterin keinen besonderen Schutz: Wenn der Arbeitgeber Ihr keine Fortsetzung der Beschäftigung anbietet, endet das Arbeitsverhältnis mit der vereinbarten Frist. Einen unbefristeten Arbeitsvertrag dagegen darf der Arbeitnehmer gemäß Mutterschutzgesetz (§ 9) auch in der Probezeit nicht kündigen.

Interviewpartner

Für dieses Buch habe ich erfahrene Personalfachleute und Führungskräfte verschiedener Branchen befragt. Für ihre Mitarbeit möchte ich mich herzlich bedanken:

Thomas Klappauf, Personalleiter im Herz- und Diabeteszentrum Bad Oeynhausen

Dr. Heiko Konrad, Leiter Aus- und Fortbildung beim Hessischen Rundfunk

Maren Lehky, langjährige Personalleiterin in der Industrie und Unternehmenberaterin

Gudrun Spangenberg, Personalverantwortliche bei den Viessmann Werken GmbH & Co KG

Volker Stern, Vorstandsmitglied der Kasseler Bank

Thomas Rothe vom Institut für Arbeitsmarkt- und Berufsforschung in Nürnberg danke ich für die Ermittlung von Daten zur Beendigung von Beschäftigungsverhältnissen.

Literaturhinweise

Manfred Becker: *Personalentwicklung.* Stuttgart 3. Aufl. 2002.

Petra Begemann: *Das Arbeitszeugnis.* Frankfurt 2004.

Petra Begemann: *Mein gutes Recht im Beruf.* Frankfurt 2004.

Günter Schaub, Hans Gottlob Rühle: *Guter Rat im Arbeitsrecht.* München 2003.

Hans-Peter Wimmer, Bernd Edler: *Erfolgreich durch die Probezeit.* Edemissen 1996.

Stichwortverzeichnis